大夏书系 | 全国中小学班主任培训用书

专业型
班主任十讲

张志强 / 著

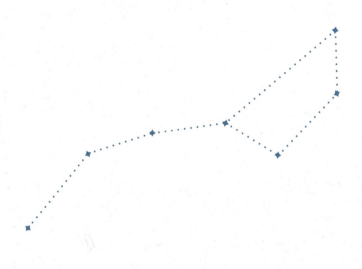

华东师范大学出版社

·上海·

目录
CONTENTS

自序 _001

第一讲

基于认同感确定班级愿景

第一节　认同感：确定班级愿景的关键 _003
第二节　从"我"到"我们"
　　　　　——基于理想自我建构班级愿景 _007
第三节　让班级愿景落地生根 _013
第四节　班主任如何获得认同感 _018

第二讲

制定班级公约，孕育班级文化

第一节　班级公约的必要性 _025
第二节　班级公约：机会向所有人开放 _030
第三节　学生眼中的班级制度 _037
第四节　从制度到文化 _040

第 三 讲
班干部的选拔与培养

第一节　让理想的班干部自动"冒"出来　- 049
第二节　岗位向所有同学开放　- 054
第三节　班主任和班干部的工作分工　- 060
第四节　班干部的培养　- 062

第 四 讲
让班会课"有意义"且"有意思"

第一节　站在课程角度进行班会课教学　- 067
第二节　班会课的内容和形式　- 072
第三节　班会课设计　- 074

第 五 讲
培养学生的善意

第一节　班级管理要致力于激发人性之善　- 093
第二节　善意从关心身边的人开始　- 095
第三节　为同伴喝彩　- 100
第四节　关注身边的那些平凡人　- 108

第六讲

如何挖掘学生的学习潜能

第一节　过去不等于未来 — 119
第二节　改变自我概念 — 125
第三节　培养时间管理能力 — 130
第四节　鼓励那些努力的人 — 133
第五节　让学生享受"福流" — 137
第六节　教会学生真学习 — 144

第七讲

如何指导学生复习备考

第一节　引导学生理性归因 — 151
第二节　把问题消灭在高考前 — 156
第三节　有针对性地备考 — 163
第四节　风物长宜放眼量
　　　　——从如何做好考前压力管理谈起 — 166

第八讲

如何处理家校关系

第一节　边界意识和专业素养 - 177
第二节　家校如何有效沟通 - 183
第三节　班主任如何和家长沟通 - 186
第四节　将家长资源转换为教育资源 - 194

第九讲

如何指导家庭教育

第一节　指导家庭教育是班主任的第三专业 - 199
第二节　利用多种媒介普及教育常识 - 202
第三节　让家长在读写中缓解焦虑 - 210

第十讲

班级管理中的危机预防和应对

第一节　班级危机的预防 - 223
第二节　班级危机的处理 - 229
第三节　班级危机的善后 - 240
第四节　校外危机情况的应对 - 243

自 序

从 1997 年中师毕业到现在，除去读研和做行政的几年，我几乎一直在做班主任。研究生毕业求职之际，因第一学历和年龄劣势，几百张简历投出去都杳无音信，只好四处考公。在入围面试之后，竟歪打正着被扬州中学录用，于是毅然决定返回三尺讲台，因为之前的班主任经历给了我太多美好的回忆。也正因如此，我一次次激励初心，重温旧业。

之所以痴迷于做班主任，是因为它带给我意义感。教育，正如叶澜教授所言，是有意识的、以影响人的身心发展为直接目标的社会活动。它从多方面昭示人的灵魂深处变革的无限可能性，并竭力将它们变为现实，而现实本身又进一步蕴藏着新的可能性，在可能性与现实性的螺旋式上升中，个体得以生长，社会得以进步。班主任工作就是在践行这一神圣使命。中小学阶段是人生可塑性最强的时期，陪伴、帮助学生把自己塑造成理想中的模样，善莫大焉！

之所以痴迷于做班主任，还因为它赐予我持续学习的动力和激情。在乡镇工作期间，学生住校，我在陪伴他们焚膏继晷、奋斗追梦的同时，也参加高等教育自学考试、自学英语、考研。研究生毕业后，我越来越觉得班级管理是一门综合性很强的艺术，不能只靠蛮力。为了给学生生命成长以启示，我阅读了哲学、思想史著作；为了营造积极向上、合作共赢的班级氛围，我学习了管理学、社会学；为了让学生的学习更高效，我学习了学习科学、学习心理学、积极心理学；为了提升自己的专业水平，我攻读了教育博士学位。

我已经带过十多个班，每个班学生的操行和学习成绩都很出色。边带班、边求学是我的常态。我以"理性经济人"和"无知之幕"理论为基础，组织学生制定班级公约。有人曾问我哪来那么多时间和精力，我回答，二者相辅相成、相得益彰，感觉不到耗时费力。青少年探索生命旅程的惊异感，让青春逐渐逝去的我不断被感动、被唤醒，始终保持着探索欲。将探索所得用于优化班级建设，又可以提升学生自律、自治能力。教学相长，相互成就。

意义感使我幸福，持续学习使我在工作中得心应手。

很多新手班主任向我抱怨现在的孩子难管，事无巨细，事必躬亲，经常废寝忘食，身心俱疲，甚至一些老师宁可不评职称也要逃离这一"吃力不讨好"的岗位。除了任务繁杂、责任无限、家校沟通不畅外，不能吸纳相关学科知识以提升工作效能是根本原因。一个人管几十个人，即使时间再多、精力再充沛，也有无能为力的时候，且管控本身就违背教育规律。如果从相关学科中汲取资源，唤醒学生主动发展、自主管理的积极性，便有望实现垂拱而治。

近年来，我把治班心得发表在个人公众号、报刊上，也曾做了近百场相关讲座。前几年，一家出版机构建议整理出版，我觉得这些心得随意芜杂，不敢贸然应允。去年初，经张正耀老师介绍，华东师范大学出版社朱永通先生向我约稿，并建议定名为"专业型班主任十讲"，我既深感荣幸，又惶恐不安。所谓"专业"者，或是一门学问，或是与业余相对的主业。我既没有能力创立一门学问，又没有将其视为比学科教学更重要的主业。但我喜欢"专业型"这个词。做"专业型"的班主任，需要把实践与研究结合，赋予班级建设以学理依据，力求超越经验，发现规律，形成系统。

目前的班主任培训似乎更突出爱心和责任，然而，爱心和责任是工作动力，而非工作方法。强大动力通过科学方法的加持，才能化为高效实践，而科学的方法有赖于相关学科的滋养。这些，我虽不能至，心向往之。

比如，一线班主任无法回避学生的学业成绩。如果所带班级整体成绩不佳，面对领导、家长、学生时就容易被动工作，失去话语权，也不利于学生的全面、可持续发展。我认为，班主任要关注学业成绩，但是要综合运用积极心理学、学习心理学等知识指导学生高效学习，科学备考，使学生的素养覆盖并超越考试内容，而非依赖加班加点，以牺牲学生的健康为代价来换取分数。

  班主任工作因地域、学段、学校的差别或许有所不同。故我在本书中选了自认为比较重要的十个方面，着眼于实践，力求汲取各种理论资源解决实践中的问题，提升实践能力；立足现实，用教育理想审视和改造现实。因水平所限，未必能做到十全十美，欢迎各位读者批评指正。让我们一起推动班主任专业化的发展。

张志强

2025 年 2 月

第 一 讲

基于认同感
确定班级愿景

第一节 认同感：确定班级愿景的关键

班级愿景是班级管理之"神"，各项具体工作是班级管理之"形"。只有"形"由"神"统领并聚焦于"神"，班级才会井然有序，形成促进学生成长的合力。一个班级没有共同愿景，就很少有无私奉献、互帮互助等利他行为，甚至难以产生遵守纪律的自觉性，班主任劳神费力，也终因"寡不敌众"而效果不佳。在《第五项修炼》中，彼得·圣吉博士精微地分析了奉献、投入、遵从之间的区别，他引用了基佛的话，"投入是一种选择成为某个事物一部分的过程""奉献是形容一种境界，不仅只是投入，而且心中觉得必须为愿景的实现负完全责任"，进而认为在一个缺乏共同愿景的组织中，员工对上级、对组织只是被动遵从，绝不会产生真诚奉献的行为。很多班级纪律涣散、人际关系紧张，一个重要原因是缺少共同愿景。

虽然学生们都怀着快乐成长、学习进步的愿望来到新班级，但因个性、兴趣、家庭背景的差异，对快乐、进步的理解也不尽相同。班级的共同愿景需要经由班主任引导，获得学生的普遍认同之后，才能逐步确立。现象学家指出，群体（集体意向）不能被简单地理解为个体与个体意向的叠加集合，自身性和自我同一性不能被简单地还原为或者植根于群体身份和群体成员资格，人的发展是被他者的影响决定的，被他们的思想、感情（向"我"显示出的）和命令所影响而决定。这一影响决定了个人的发展，无论这个人最终能否意识到、记得或者分辨其受影响的程度和特性。① 同样，群体中的个体也在有意无意、或多或少地影响着别人。个体心灵因此必须被认为是真正的"我们现象"的前提。② 群体文化必须立足于每一个独特个体的需求，才能得到认同，从而建构起阿伦特所说的"独特存在者的悖论般的复数性"群体。

班级愿景是班级成员理想中的班级模样，既是奋斗目标，也是黏合剂，必须和多数同学的个人愿景大体一致，获得广泛认同，才能发挥实际作用。如果班主任或少数班干部一厢情愿地用个人设计的蓝图直接作为班级愿景，所谓的愿景也只会沦为苍白无力的口号，无法转化为行为指南。

班级愿景不是"我希望大家……"，而是"我们大家希望……"。"我们大家希望……"又来自一个个"我希望……"。因此，班主任首先要做的是唤醒每个学生的希望，鼓励他们开诚布公、各抒己见，在相互感染中，形成"大家希望……"。

任何一个班级都有或积极或消极的班级文化。这些文化无形无影，却潜移默化地影响着班级成员的行为。学生在班级公共生活中会在潜意识中关注自己是否"出格"，而这个"格"就是在班级文化浸润下的共同价值观。健康的班级文化，除了与社会、学校、科任老师有关，班主任的教育理念和引领作用也不可忽视。班主任的理念首先要获得学生的认同，进而激发每一个个体主动发展愿望，从不同愿望中提炼出"共核"作为班级愿景，然后将愿景转化为学生的行为习惯和班级风气。这是一个复杂的过程。

首先，班主任必须以立德树人、促进学生身心健康、全面发展为基本理念，而不仅仅是维持纪律和提高成绩。这一要求看似简单，要想做到却并非易事。例如，有女生疑似早恋，班主任找她谈心，说："当下主要任务是学习，考上名校之后，优秀的男生会更多。"这种用利益衡量爱情的庸俗观念，是对情投意合、两情相悦的纯真感情的亵渎，或把学生引向庸俗，或遭学生反感、鄙视。

---

① Edmund Husserl. Ideas Pertaining to a Pure Phenomenology and to a Phenomenological Philosophy—Second Book: Studies in the Phenomenology of Constitution[M]. Kluwer Academic Publishers, 1990: 281.
② 丹·扎哈维, 李毅. 我、你和我们：超越个体主义和集体主义[J]. 哲学分析, 2024（2）: 3–20.

学生无法认同这一观念，进而不认同其管理理念。如果改为："爱情和学习都是通往幸福生活的途径，前者让人摆脱孤独，后者让人强大，两个生活的强者相互搀扶才会走得更坚定有力"，就是站在人生的高度来审视爱情和学习，就是在立德树人，就更容易获得学生的认同。

再如，有的班主任遇到学生作弊，不教育学生诚信，却说："现在作弊，高考时也可以作弊吗？"学生很容易推论：如果高考可以作弊，那么现在就可以。将高考取胜作为评判是非的标准，过分强调利害权衡而忽视道德培育，会潜移默化地影响班级精神。教育的目的是以培养学生的创造精神和实践能力为重点，造就有理想、有道德、有文化、守纪律的德智体美劳全面发展的社会主义事业建设者和接班人。班主任的教育理念必须服务于教育目的。总之，精准把握党和国家的教育政策，熟悉青少年心理发展规律，是引导学生树立班级愿景的前提。

其次，真实的班级愿景要注意平衡教育政策、家长诉求和学生意愿。在"剧场效应"的影响下，家长和学校的关注点容易聚焦于"分数"这个单一的指标，而学生对班级的期待多种多样。家庭关系紧张的学生，希望班级充满关爱；学习压力大的学生，希望班级宽松和谐；理想远大的学生，希望班级学习氛围浓厚。在确定班级愿景的过程中，班主任要充分发挥精神关怀者、人生导师、重要他人的作用，以高远的人生境界、崇高的道德追求和高超的教育能力，引领学生超越世俗，超越小我，把长远目标与短期目标结合，将理想与现实结合，将个人需求与社会需要、民族利益乃至人类共同命运联系起来。

例如，师生首次见面时，学生往往会对新班主任充满好奇和期待，班主任必须抓住这个班级愿景形成的关键期。此刻，班主任可抛出一个与每个学生息息相关的问题："大家希望在怎样的班级学习？"这不仅展示了民主、开明的治班理念，更是让学生切身感受到自己是未来班级的主人，不仅是受益者，更是创造者。形式可以是"我心中的理想班级"微型演讲、匿名建议、用关键词绘制未来班级精神图谱、学生推荐关键词然后网络投票，等等，以增强设计"新家"的主人翁责任感。

与此同时，班主任还可以借助学校宣传片、往届学生对班级的回忆短片、优秀校友回忆录、参观校史馆，引导学生将班级愿景与校风、校训结合在一起。

第二节　从"我"到"我们"

——基于理想自我建构班级愿景

李政涛教授说:"无论是教育实践者,还是教育学学者,他们的生命自觉,都是促进他人幸福的自觉,是促进他人自觉的自觉,他们在促进他人自觉的过程中享受自己的幸福。"[①] 班主任作为教育实践者,必须以唤醒学生的自觉为己任。班级愿景是激活学生理想自我,唤醒其自觉成长的强心剂。

美国心理学家罗杰斯把"自我"分为"真实自我"和"理想自我"。真实自我是个体对自我现有状态的知觉,理想自我是个体对期望的自我状态的知觉。真实自我与理想自我之间总是存在落差,个体为了达成理想自我,就会不断地努力追求。真实自我与理想自我的和谐一致决定了个体的人格一致性。走进新班,学生往往满怀希冀又有些忐忑,都希望在新环境中展示一个更优秀的自我,希望能给师生留下好的第一印象。这是唤醒理想自我的最佳时机。

理想自我是严于律己、坚持不懈等积极行为的动力来源。教师可以在班级组建伊始让每个学生描绘一下理想自我和理想班级的模样,具体方式可以是制作卡片贴在教室内、制作短视频集体观看、分组创作朗诵同题诗歌等。

班级愿景必须成为个体愿景的集中反映。在传统的班级管理中,班主任往往以个人意志为主,亲自制定班级目标、班规,要求学生遵守,处于被动位置的学生,不能切身体会班主任这一系列操作与自己的积极联系,甚至将其视为

[①] 李政涛. 教育科学的世界 [M]. 上海:华东师范大学出版社,2010:26.

枷锁，心生抵触，消极抗拒。为避免此类情况发生，班主任要意识到，从拿到学生花名册、建立班级 QQ 群开始，班级实际上已经成立了。此刻，学生迫切希望知道班主任的管理风格。班主任可以在群里发一个表格，命名为"我的新班级和新班级中的我"，请学生描绘自己的发展规划，包括扮演的角色、需要提升的空间、学业预期、目标大学和专业、理想中的自我、理想的人际关系等，并着重描述自己心中理想班级的模样。班主任组织班级志愿者分类汇总，在汇总中，这些志愿者能够感受到每个人都对未来充满了希望，而班级就是助力大家圆梦之地，同学就是自己追梦路上的伙伴，从而对新班级产生好感，并感受到班主任在帮助自己实现理想过程中的种种努力。

下面是我现在所带的文科 1 班学生对"我的新班级"的期待。

- 少点竞争，多点关爱（多开一些有意义的班会）。
- 根本诉求：学习风气浓厚、团结共进、友好相处。重要诉求：学生有民主自决权及规范内的最大自由。直接诉求：精准而非大量的作业、努力而非内卷的同学、严格而非严苛的老师。
- 同学和睦相处，形成"团结共进"的氛围，师生和谐融洽；班级在活动上整体积极性高。
- 同学和睦相处，师生平等交流。
- 团结互助，运作有序，在规则条件下有较大的自由。
- 可定期向班级同学征收匿名建议，进行民意反馈，采取投票形式决定采纳与否。
- 班级凝聚力强，氛围轻松活跃；班级同学有序竞争，友好相处；不要出现男女生隔阂、对立的情况。
- 多组织集体活动，增强大家的凝聚力和归属感；减弱男女生的隔阂。
- 按照学习兴趣、习惯、方式分组研讨，淡化竞争，共同进步；加强班级文化建设，班级后面柜子处和前面小白板处，不仅可以作为通告栏或者记作业处，还可以用插图等形式展现大家感兴趣的素材，打造成班级文化角；尊重个性化发展，同学之间互相关爱，感受到温暖。

· 形成"家"文化，互帮互助，凝聚共识。

· 团结向上，充满活力，民主包容。

· 同学们在生活上互帮互助，关系和睦融洽，彼此以诚相待。

· 班风良好，学风浓厚；尊重每一个个体，不让成绩成为评价一个人的唯一标准。

· 班内同学减少恶性竞争，互相帮助，为取得好成绩而共同努力。

· 每位同学做到"自律而自由"，管理好自己。

· 建立良好的沟通渠道，让每个同学都能够表达自己的意见和想法。

……

44个学生中，有10人反对把成绩作为评价学生的唯一标准；有16人不希望班内恶性竞争；有18人提出"民主决策""自主管理""自由表达"等诉求；几乎所有同学都希望集体"更好""和谐""学风浓厚""团结共进"。我一边把统计结果用PPT展示，一边赞扬大家能够尊重他人、自觉成长、渴望友爱。然后我请同学们用一两句话把这些诉求凝练成班级愿景。每个人都写一条，班内展示之后，选出人气最高的一条。

经过投票，我们把班级愿景定为：尊重别人的梦想，不负自己的青春。

有了班级愿景，班级文化和班级公约就成了实现班级愿景的保障，学生更愿意主动创建积极的班级文化和有助于帮助自己挖掘潜能、实现梦想的班级公约。

下面是学生对"新班级中的我"的期待，我也被学生们昂扬奋发的生活态度所感染。

· 我要坚持锻炼，在明年的运动会上取得名次。

· 交一两个和自己性格互补，能够分享苦乐，相互提醒的闺蜜。

· 了解自己、认知世界、丰富精神；花更多的时间在数学学习上；多读一些名著；更积极、主动地参与活动，与新班级的同学建立起良好的关系，促进自己全面发展。

·考进理想大学，本科毕业继续深造攻读硕士，甚至博士；找到心仪而有意义的工作。

·我将阅读更多书籍，拓展知识面，积极理解与摘抄，将所读的转化为自己可以用的。同时也会坚持自己的兴趣，如写诗、绘画、写文章，积极给《树人》杂志投稿，既能做到劳逸结合，也能提升我的文学素养。在新的学期，我将主动出击，努力结识更多的朋友，体会友谊的美好；贯彻上学期养成的良好学习习惯，同时在新学期培养新的好习惯。

·高中阶段学一些有用的技能，如Pr（Adobe Premiere Pro）和AE（Adobe After Effects）；在应试的基础上应用所学，如练习英语口语、写作；学会规划时间；锻炼身体；有勇气参加一些活动，不那么社恐。

……

学生对"理想自我"的描述，帮助我了解了每个学生的个性、兴趣、特长、关注点，使以后的个别交流更有针对性和有效性。我把这些"新班级中的我"加以分类整理，隐藏掉标识性强的个人信息，在班级屏幕上展示，让学生感受到周围的小伙伴都是积极上进的追梦人。尽管现实中可能会懒惰懈怠，尽管嘴上会喊着"躺平""摆烂"，但那只是自制力不足，只是自嘲以缓解压力。希望自己变得更好，是大家共同的愿望。

在目标大学方面，学生们定得出奇一致：有40个学生的目标是华东五校，2个是清华、北大，2个是本省名校。在我看来，多数学生所谓的目标，并未建立在对自身与目标之间距离进行理性评估的基础上，充其量只能算美好的愿望。但对于这种美好的愿望，教师要保护，使之转化为清晰的目标，而不是打击学生的积极性。于是，我搜集了一些可靠数据发给学生，然后跟他们一起讨论。

师：本省文科排名多少才可以上像南京大学这样的高校呢？

生：400。

师：全省有13个地级市，假如各市教育均衡，要想考取南京大学，需要在本市排名多少？

生：(口算) 约等于31。

师：南京人口比较多，就按照40算吧！我们学校集中了大约一半的优秀文科生。

生：不是大多数吗？

师：你们虽然多数是中考前1500名，但大家回忆一下，是不是一些初中同学跟你们一样优秀甚至更优秀，只是因为没有发挥好，去了兄弟学校？

生：是。

师：他们现在比原来更刻苦还是懈怠了？你换位思考一下。

生：应该是卧薪尝胆，发愤图强。

师：对。你们之所以可以进南京师范大学附属中学（以下简称"南师附中"），一是成绩优异，二是发挥得比较好。但谁也不敢保证高考还可以正常或超常发挥，别人也不会注定高考再次发挥失常。其实跟大家水平接近的在南京应该不下3000人。那么，你必须在南师附中考到20名以内才有机会上南京大学吧？

生：嗯。

（学生没有刚才那么乐观了。）

师：我们当中有多少人曾进过年级前20呢？有多少人稳定在前20呢？

（分别有11位和1位同学举手。）

师：按照高一时的学习成绩，我们班只有1位同学确保能上南京大学，10位只是在发挥好的时候才有可能上。

（学生们的表情渐渐凝重，甚至有些沮丧。）

生：(鼓足勇气) 不能这么算！成绩是一个变量，还有两年可以努力呢！

师："努力"一词太空洞。怎样才算努力呢？怎么保证你的努力比别人更高效呢？请同学们直面自己的不足，包括态度上的、习惯上的，探索更高效的学习策略。可以查阅资料，可以请教学长，把个人愿望落实为详细的规划。

在这个环节中，班主任可以指导学生参与职业倾向测验，查阅相关院校、专业信息，这样确定的目标不是出于虚荣和幻想，而是基于自己的个性、潜力、爱好的理性选择。在审慎考虑之后，学生可以根据个人情况调试目标，前提是确保目标发挥召唤、激励、约束等作用。

有学生说："如果实现不了，不难过吗？"我说："没有目标，随波逐流，更无实现的可能。能否实现不仅取决于个人的天赋、勤奋、方法，还取决于各种偶然因素。因此，目标最重要的价值不是实现，而是使当下更有方向、更有激情、更有意义。"

学生在了解"行情"之后，郑重地写下目标，之后我根据每个人的目标，印制了各个大学的校徽供学生自取。学生们将其贴在自己的书桌前或文具柜上，随时进行自我鞭策。

第三节 让班级愿景落地生根

班级愿景确定之后，必须具体阐发，细化，否则只是符号，不能内化为行动。班主任要在大型活动、班会课、班级发展的重要节点上，不断阐释和重申班级愿景的具体内涵，在与个别学生交流时也要不断强调班级愿景、每个学生理想中的自我，让学生对标找差，自我警醒，重温自己入班时的梦想。

为了实现班级愿景，我们需要怎样的班风？每天要怎样做呢？愿景只是蓝图，良好的班风才是使蓝图变为现实的环境保障。班风是靠每个同学的个性品格、精神面貌、行为习惯得以体现并维持的。因此，班风必须精确化。

我组织班级骨干分子从班级愿景出发，提出并阐释班训，最终凝练出班风。

我们的班训是：做最好的自己。具体阐释如下：

"做"：行胜于言。无行动的理想是妄想，其结果是自信不断被摧毁。所以，立刻行动！持之以恒地行动！

"最好"：用最真诚的态度、最科学高效的方法、保证休息和锻炼之后最多的时间来全面提升自己。

"自己"：独立思考与和谐个性，不盲目攀比，不妄自菲薄，不随波逐流，不邯郸学步。认识自己，悦纳自己，顺应个性，发展自己。

为了落实班训，我要求学生每天做到两点：（1）每日三省吾身——我在做吗？我是不是用最真诚的态度、最高效的方法、最多的时间去做？我是不是在独立思考，走适合自己的道路？（2）向高人学，和自己比；择善而从，闻过则喜。

我们的班风是：始于"正"而归于"大"。

"始于'正'而归于'大'"，源于"六气"，即正气、骨气、朝气、霸气、和气、大气。

正气：遵纪守法，正直向上。包括"行得正"，即遵纪守法；"心术正"，有正确的世界观、价值观、人生观、是非观，自觉抵制不健康的思想和行为习惯的诱惑。凡是损人利己、好逸恶劳、贪图享乐等思想都应该自我抵制。成才之前先成人，德育为先。

骨气：自强自立，自尊自爱。不能自食其力、"啃老""坑爹""拼爹"，就是否定了个人价值，无视个人潜力，是没有骨气的表现；出卖灵魂，贪图享受，心甘情愿改变自己的理想，突破道德底线，是没有骨气的行为；把自己的命运寄托在亲人、朋友身上，放弃个人努力，是没有骨气的行为。有骨气的前提是自食其力，自我发展，锐意进取；较高境界是坚守道德良知，不趋炎附势，随波逐流。

朝气：阳光自信，积极进取。保持并培养对世界和人生的好奇心和求知欲；主动探索未知领域；大胆表达个人见解，努力超越前人；朝气蓬勃，喜欢运动，爱好广泛，有高雅的审美情趣。有个性，做事果断自信，不瞻前顾后、拖泥带水，不圆滑世故、老气横秋，积极面对前进过程中的困难，在不断自我超越中体会到快乐。

霸气：舍我其谁，挑战极限。永不服输，不断自我超越，做最优秀的自己。不能人穷志短，降低自我期望。

和气：团结互助，理性处事。对人和气，个人心态平和；学会有礼有节地与人沟通；宽容比自由更重要；能够接受不同性格、不同观点的人，设身处地站在对方的立场上考虑问题。

大气：胸怀天下，勇于担当。"嚼得菜根，做得大事。"要能够耐得住寂寞，吃得了苦头，在平淡中咀嚼出香味；同时要胸怀大志，努力提高综合素质，为将来做大事做准备。

"始于'正'而归于'大'"就是要求每个人从崇尚自强自立、公平正义开始，最终目标为胸怀天下、服务社会。

班级愿景、班风要通过日常行为、各类仪式不断被阐释、展示和强化。很多大型活动，学校都会要求出示班徽、班旗，如果以完成任务的心态去做会很简单——请喜欢美术的同学设计一个。但这样做不能起到彰显特色、凝聚人心、弘扬班级文化的作用。只有学生广泛参与，集思广益，一起思考班级精神到底是什么，如何以图标的形式诠释班级精神，班级愿景、班风才会深入人心。

我还特意精选了一些契合班级愿景的影片，组织学生观看，建构集体记忆，增强集体认同感，如《我的高考》《千钧一发》《摔跤吧！爸爸》《三傻大闹宝莱坞》《阿甘正传》《绿皮书》《长津湖》《流浪地球2》《一个叫欧维的男人决定去死》等。有些电影可能使"个体认识到他（或她）属于特定的社会群体，同时也认识到作为群体成员带给他（或她）的情感和价值意义"，这就是"社会认同"。

正如迪尔凯姆所言："说'我们'而不是说'我'，让人有一种愉快的感觉，因为任何一个能够说'我们'的人，都会感到自己身后有一种支柱，即一股他能够依靠的力量，一股比孤立的个体所能依靠的力量要强大得多的力量。"[1]

在衡水农村中学教书时，我曾经带过一个班，98级2班（98-2班），1998年小升初，2001年参加中考。班级愿景是"衡中同班"。围绕这一愿景，学生们认识到自己必须"顽强拼搏"才能实现目标。班上不但学习氛围浓，运动会总分也年年是第一。例如，为了备战运动会，有同学会提前半年练习长跑，风雨无阻。他们相信短跑靠天赋，长跑靠苦练，我每天也会陪跑10圈。很多同学脚

---

[1] 杰弗里·亚历山大.迪尔凯姆社会学[M].戴聪腾，译.沈阳：辽宁教育出版社，2001：131.

上磨出了血泡，哭着也要上场，着实感人。班里当年 11 人考入衡水中学，另有将近 30 人考入当地二中、十四中，三年后有 30 多人考取本科。毕业 20 年后，这届已在全国各地工作的学生积极筹备毕业聚会，专门设计了纪念品、T 恤。T 恤上赫然写着"顽强拼搏"四个字，可见班级愿景对他们影响之大。

即使"我们"中的成员必须以某种方式联系起来，即使"我们"所特有的凝聚感需要某种融合，也不应该忘记，"我们视角"既是第一人称的，又是复数的，并因此需要包含分离和差异。正如阿伦特曾说的，凝聚感和合作要求保留多样性，并且应该最终被理解为"独特存在者的悖论般的复数性"。异质性是群体生活的关键部分，而群体生活正是一种独特的"与他者共在"的方式。[①] 基于这样的理念，班主任不能为了强化群体共性而忽视个体差异。班级文化必须是不同个性的个体以不同的方式阐释、生发、创造的结果。每个独特的人，在平等参与群体生活中承担不同的责任，表达自己的观点，获得独特的体验，这种在特定群体中形成的经验，是对群体依恋的情感基础。不同的个体在群体生活中对话、协商、妥协、和解，彼此理解，使教室形成和谐的公共文化空间，使班级成为超越时空的共同体。

班级愿景"尊重别人的梦想，不负自己的青春"，前提是每个人的梦想不同，青春多样，不能用一个模子来扼杀生命的多姿多彩。对于自己的青春，要做到"不负"，就需要发现自身的独特性和潜能，将其转化为有价值的才能与成就。每个人的梦想必须基于个人内心的真实和现实的可能性。这时候班主任要引导学生了解自己，了解社会。我让学生观看影片、搜集专业信息、阅读各个专业的前沿论文、阅读名人传记等，目的是让学生将个人命运与社会进步、人类发展相结合，初步确定自己向往的职业，让清晰的目标赋予他们当下以方向、动力和意义。例如，曾经有一个学生喜欢打游戏，我问她不觉得浪费时间吗，她说，游戏使人愉悦，让人从齿轮运作中脱离出来，更自由，更有尊严，还说她准备未来从事电子游戏开发，研制一种寓教于乐的游戏。为了实现理想，她

---

① 丹·扎哈维，李毅. 我、你和我们：超越个体主义和集体主义 [J]. 哲学分析，2024（2）：3—20.

阅读相关文献，撰写相关论文，在南京大学综合评价中获得超高分，去了软件学院，后来又去美国留学。她痴迷于游戏研究，利用班会课消除大家对游戏的误解，打开了别人的思路。又如，有学生喜欢外科医学，虽然学习成绩不太好，却痴迷于解剖学，还是学校"柳叶刀"社团的骨干成员。这份痴迷最后转化为课内学习的动力，后来该生考上了一所著名的医科大学，还顺利考取了研究生。所以，不管是体育特长生、艺术特长生，还是偏科学生、有不同职业理想的学生，我都给予充分尊重，并且让每个学生都能在班级活动中找到发挥个人才智的机会，都能从班级文化中得到心灵滋养。

"尊重别人的梦想"，即使别人的梦想在外人看来多么不切实际，也应该由他本人在实践中修正，他人无权冷嘲热讽。犯错不可怕，可怕的是畏惧犯错而裹足不前。不要嘲笑别人的梦想卑微，"苔花如米小，也学牡丹开。"人人都有追求梦想的权利，至于梦想的大小，是由每个人的个性气质和拥有的资源、能力所决定的。但只要勇于追梦，都值得尊重。

我带的每一个班级都有一个独特的班级愿景，如"把有意义的事情做到极致""触摸到自己的天花板""勇猛精进"，等等。

第四节 班主任如何获得认同感

班主任由学校任命,尊重老师是学生基本的行为规范,但班主任能否赢得学生的认同,还取决于其本人的综合素质。

赢得认同是班主任工作得以顺利开展的保障。赢得认同的办法很多,如可以精心设计首次见面的开场白、上好第一次班会课、于不经意间展示个人特长、表现出与学生有共同的爱好和语言等,最重要的是,让学生切身感受到被关爱,促进了生命自觉生长,让学生惊叹于老师虑事周密、思想成熟、专业精湛。需要指出的是,这不等于刻意讨好学生。有些年轻班主任为了拉近师生关系,主动分享自己的私人生活,纵容学生随意评论其他老师,请部分学生看电影或音乐会,这类越界有风险,一旦处理不好,可能非常被动。

处事公正,有同理心,是班主任被认同的关键。起始年级的班主任容易获得认同,因为学生人地生疏,谨小慎微,已经做好了适应新教师的准备。班主任不必缩手缩脚,只要在排座位、班干部选举、值日等方面安排得井井有条,教学不出纰漏,就可以获得认同。即使有一些新措施,学生也会认为是学校惯例,不会去怀疑。

如果中途接班,就需要费一番心思。中途接班包括重新分班后安排新班主任和班主任调岗两类,后一种情况对新班主任的挑战更大。在调整班主任之后,学生对原班主任怀旧、感恩,对新班主任不适应,是人之常情,班主任面对这类不适应以及由此引发的误会、冲突,不能过分计较,不要有被冒犯的感觉,要相信日久见人心,时间能够证明一切。2016年我来到南师附中,对学生一如既往地严格,导致很多学生都怕我。高二分班后,我做高二9班的班主任。我高一教过的学生得知这一消息,奔走相告,对分到我班的学生说:"你'中奖'了!这老师是衡水来的,管得特别严。"甚至有家长担心孩子压力过大,找学校申请调班。我心里很受伤,自己兢兢业业、苦口婆心,学生竟然不领情。于是,我开始观察学校里优秀的班主任是怎么做的。我发现他们一般不直接指出学生的不足,而是巧妙暗示,甚至学生上课打盹,也不提醒,以免使学生当众出丑,而是下课关心一下是不是身体不舒服,是不是昨晚睡迟了。学生认为这是"人文关怀"。而我基本上是直接提问睡觉的学生,学生揉揉眼睛,一脸茫然,十分难堪。

经过一段时间的自我反思,我开始尝试理解这些孩子,用心倾听他们的想法。第一个月,我没有发一次火。后来学生开始愿意跟我倾诉内心的烦恼。例如,有学生提议让晚自习提前,原因是从晚饭到晚自习之间的85分钟太长了,班上乱哄哄的,学习也无法专注,就身不由己地闲聊。我知道一些喜欢运动或贪玩的学生不愿意提前,而且晚自习时间是学校统一规定的,班主任个人规定时间缺少合法性。于是,我就请同学们讨论如何解决。我说:"每个人都有自己的自由,我们不能压缩个人自由活动的时间来为另一些人换取安静的学习环境。大家能不能想一个让学习和玩耍的人互不影响的办法呢?"

一人难称百人心,个别学生不理解、不喜欢某位班主任是正常现象,班主任也不要试图一下就把所有学生都争取过来,而应该用专业、耐心、公平、智慧来获得学生的认可,让所有学生感受到班级风气越来越好。具体可以这样做:(1)不要过于关注原先受重视的学生,如果对方不接受这种方式,很可能被误以为是针对他,心生反感。(2)可以把更多的精力放在原来被忽略的学生身上,这些学生会更珍惜老师的关心、欣赏,经老师唤醒更容易以全新的姿态投入到学习和班级各项活动中去。在原来受重视的学生度过冷静期之后,再持续关心,会让他们感受到老师的公平、无私。(3)这也是最重要的一点,即让学生看到老师都是为他们的全面发展着想的,前后两任班主任之间关系良好,甚至经常保持沟通，目的都是促进班级的发展。不要让学生产生两任班主任之间争权夺利的错觉。

例如，曾经一位班主任中途刚接班就改选班干部，还过于强调均分和排名，给学生极大的不适感。开学不久，教师节来临，十几个学生去看望老班主任，导致晚自习迟到，新班主任恼羞成怒，让他们在教室外罚站。半个小时后，又开始训话，大谈"忘掉过去，面向未来，争分夺秒备考"。学生认为新班主任极度自私，是教自己忘恩负义，于是更讨厌他，一直到毕业都没有认可他。因为对老师、对班规没有认同感，缺少凝聚力，这个班的小团体之间摩擦不断，学习成绩一直不好。如果这位班主任心胸开阔，善于换位思考，就能理解自己刚接班，学生跟自己关系疏远是正常现象。看望原来的班主任，是懂得感恩的表现，也是愿意和老师交流的表现。他应该为这些孩子有情有义而欣慰，甚至可以提醒他们，对原来的班主任表达一下感谢。这样做学生就会由衷地佩服新班主任的大度。青春期的孩子重视真情，容易情绪化，自以为长大了，其实对复杂的社会关系还缺少了解。班主任既要引导他们多角度思考问题，又要注意呵护他们的幼小心灵。

又如，20多年前，我从小学调到镇上初中。半年后，初二2班（即前文提到的98-2班）的班主任李老师调到城里，我接替他成为新班主任。因为学生从初一入学就与李老师朝夕相处，感情深厚；加上李老师脾气随和，幽默风趣，班级氛围十分融洽，学生非常喜欢他。更重要的是，当时的学生和家长普遍有一种认知：农村的好老师都调到城里去了。按照这一逻辑，李老师无疑是好老师，而我是一个小学老师，难以望其项背。

我走进教室的时候，学生们哭成一片。我明白，这哭声不仅包含着对李老师的恋恋不舍，还有对未知的恐惧。他们觉得学校换了一个更年轻、更没有经验的老师，是对他们的不重视。因此，我必须让学生明白，我不是李老师的敌人，而是李老师的代言人。我虽然曾是小学老师，但水平不差。在教室内巡视一周后，我说了这样一番话："同学们，我理解大家的心情。陪伴了你们一年的李老师即将离别，到城里工作了，一年中大家留下许多美好的共同记忆。但是，你们如果真的理解李老师,应该为他高兴。调到城区,是他多年的梦想,他为此做了多种努力,今天是他的梦圆时刻。他需要的不是哭声,而是祝福。作为李老师的同事,我能感觉到他孤身一人在咱们镇工作的艰辛,也能够理解到城里工作对他而言意味着家庭的团聚和生活的幸福。我祝福他,你们也应该祝福他,对吧?"学生点点头。

我接着说:"我曾和李老师住同一间教师宿舍,去过我们宿舍的同学可能见过我。虽然我俩作为舍友只有半年,但我们同吃同住,感情深厚。学校安排我接这个班,大概也考虑到我和他比较熟,工作交接方便,有问题还可以电话沟通。李老师对我说,他不能亲自送你们上高中,十分遗憾。自己过去一年管得有些松,班级成绩不理想,有些愧疚。我也向他保证,一定带领大家取得更优异的成绩。"

这段话既与学生共情,又暗示了一个事实:李老师是为个人前途主动离开他们的,每个人都应该对自己负责,没有必要因离别而影响自己的未来。老师们的愿望是一致的,我是帮李老师完成他未竟的事业。

后来我布置了一篇作文《我理想中的98-2》。从作文中,我发现了很多信息:哪些学生书面表达能力强语文成绩却不突出;哪些学生初一留有遗憾,准备初二奋起直追;哪些学生特别珍惜初一的师生情谊,怀疑、敌视新班主任;哪些学生对初一的班风不满,渴望变革。我把学生的想法分类整理,把好点子拿在班上分享,表扬为班级出谋划策的同学,借以渗透自己的治班主张。

同学们应该分享学习方法、互帮互助。

希望班上纪律严明,自习课不要有窃窃私语的声音,对扰乱别人学习者要严惩。

希望老师多关心中下游的同学,其实每个人都有潜力和上进心。

……

同时,我努力上好语文课,批改作文时精准点评,指导升格,让学生感受到我的敬业和专业。随着感情的加深和班风的好转，家长和学生逐步认可了我。

学生情绪波动、存在偏见都很正常。班主任只要做事公平、公正，关心每一个学生，很容易获得认同。

我接98-2班时，几个学生特别喜欢原班主任李老师，我对他们的生活、学习全方位关注，其中一个学生却说："知道您更负责，但我就是喜欢李老师！"有一次，李老师回学校，他们从宿舍溜出来，跟李老师交流到深夜11点。我装作不知道，没有批评他们。一段时间之后，他们感觉有些失落，看到其他同学成绩突飞猛进，班级整体进步明显，更觉无趣。在他们渴望关心、关爱时，我真诚地对待他们，他们终于认可了我，融入了班级。假如当初我强迫他们接受我，矛盾可能会加剧，彼此都会受伤。

第 二 讲

制定班级公约，
孕育班级文化

第一节　班级公约的必要性

经常听到有班主任抱怨，辛苦制定的班规学生不遵守，甚至反感、抗拒。其根源是学生没有切身感受到班规是维护自身权益、促进个人发展的契约，而将其视为束缚自由的枷锁，"貌恭而不心服"，甚至视违纪为壮举。相对而言，在师生理性协商基础上形成的班级公约更有程序上的正义性，也更容易被学生认同。它体现着"我需要怎样的自我约束"，而非"我在哪些方面被约束"。理性协商意味着师生在他律必要性和范围上达成共识，即在不能自律的前提下，愿意把约束自己的权利让渡给团队，从而赋予了教师和班干部依约惩戒违纪者的权力。班级公约既是班级愿景的体现，也是实现班级愿景的保障。

信息时代，教师不再是垄断知识的权威，而是凭借法律法规、自身品德、学识和能力争取来的平等对话中的首席。从春秋战国的私学到明清的民间书院、私塾，师生关系主要是自愿确定的，教师具有天然的权威。学生及其监护人为择良师，可以千里负笈，程门立雪；当求知欲得不到满足时，可以转益多师，改投他门。教师也因此拥有确认或取消师生关系的权力。在这种动态互选关系中，学生把教师视为道德学问楷模，教师则将学生看作同道和继承人。确定师生关系的前提是遵守师门规矩。

而当下，一方面，班级授课、行政分班剥夺了师生互选的权利，传统师生的彼此信任和规矩认同受到冲击；另一方面，社会、学校、家庭对教育法规的落实不到位，教育活动中"人治"现象普遍。教育实践中"规矩"的混乱和缺失，导致教师容易把学生视为实现业绩的工具，学生把教师视为通往个人成功的阶梯。教育诉求的多元化造成社会上对师生关系的认识混乱，诸如"园丁—花朵""上司—部下""店员—顾客""匠人—作品""敌—我"多种隐喻并存。教师自视为"父母""塑造者"，却被学生视为"服务者""敌对者"。规则层面上的师生权利和义务决定了交往层面上的师生关系。因此，新时期建构和谐的师生关系最核心的问题是师生之间、家校之间形成对规则的认同，班主任与学生的关系也概莫能外。

规则既包括师生关系确立之时就存在的法律、法规、校规，也包括师生相处过程中通过民主协商达成的约定。当下师生交往中，制度、法规、规范经常被悬置，而习惯、经验和情绪占据主导。这是因为，一方面，学生不懂规矩，不怕规矩，错把违纪、违法当成张扬个性，捍卫尊严；另一方面，教师"人治"观念浓厚，规则意识薄弱，将学生违纪视为对个人尊严的冒犯，认为"镇不住学生"是自己无能，处理问题时自由裁量权弹性过大，罚款、体罚、辱骂、停课等违规但有震慑力的手段大行其道，在不出事的情况下领导往往对此视而不见。虽然国家出台教师惩戒的法规，明确规定教师惩戒权的使用条件、方式、程序，但操作细则仍有待完善。

完善法律、法规、校规、班级公约之后，学校依法治校，教师依法执教，学生遵纪守法，就从逻辑上避免了师生直接对立。双方在敬畏规矩、遵守规则的前提下平等对话、主动对话、相互理解，形成共生互学的伙伴关系。这种伙伴关系呈现下列样态。

1.变"斗争对立"为"同体平等"。

"在师生主体间关系中，师生的知识、能力、思想、品德是有差别的，但他们不仅作为认知和实践者主体的人格尊严是平等的，而且作为认识和实践对象主体的人格尊严也是平等的。"[①]

平等对话并非剥夺了教师作为知识传授者、智慧启悟者、精神引领者、生

---

① 张立昌，郝文武.教学哲学[M].北京：中国社会科学出版社，2009：178.

命润泽者的资格,而是在对话姿态上变居高临下的命令灌输为充分体察学情的平视;在对话动机上,不将学生看作达成目的的工具,而是看作有选择权利、有独立思想、可以主动建构的活生生的人。教师不是靠权威,而是靠人格魅力和学术素养,在平等对话中赢得首席位置,诱发学生的学习动机,组织教学活动,指导学习方法,反馈学习效果。学生在遵守规则的前提下,甩掉"冒犯老师"的思想包袱,带着"我爱我师,我更爱真理"的虔诚且自由的态度,主动提问、大胆质疑、激烈争辩。

2. 变"灌输替代"为"自主建构"。

在相互尊重、相互理解的同伴关系中,教师注重利用学生的积极体验激发其内在动机,鼓励和帮助他们主动寻找适合自己的学习方法,培养学习能力,在尊重个性的基础上组织教学活动,指导他们积极地进行自我建构。教师的作用不再是灌输答案,督促检查,而是通过展示物质世界的奥妙和分享人生体验,唤醒并启发学生养成自我追问的习惯:我是谁?我能做什么?我应该做什么?我到哪里去?教师不是苦口婆心、恩威并施地将学生塑造成自己心中的模样,以达到所谓的教学目标,而是通过创设教育活动,让学生发现自己求真、求善、求美的能力。通过榜样、对话、实践和肯定等方式,唤醒或培育毅力、自我控制力、好奇心、勇气以及自信心,帮助学生提高道德水平和性格状况,从而全面发展[①]。在教育过程中,教师,尤其是班主任,不但要做遵纪守法的榜样,还要尊重学生身心发展规律,不像"家长"和"保姆"那样以强制或替代的形式阻碍学生生命自觉。鼓励学生主动探索属于自己的发展道路,鼓励尝试,宽容失败,不揠苗助长,不越俎代庖,哪怕是内心焦急也要强作从容地等待或引导学生自己醒悟。

3. 变"指手画脚"为"自我设计"。

在学生生命成长的自觉性被不断唤醒的同时,教师作为被信赖的伙伴,凭借自身人格魅力、学术素养、教育艺术自然地影响学生,巧妙地扮演学生人生

---

① 谢维和. 谈核心素养的"资格"[J]. 中国教育学刊, 2016(5): 3.

筹划的专业指导者和精神成长的关怀者角色。学生在自身体验的基础上，通过教师的指导不断认识自我和世界，探索个人的生命发展之路。筹划本身意味着要对生命的可能性有所预期，对各种可能性有所选择，对生命的诸多发展性有所期待和介入①，使学生"能够根据生境变迁不断进行自我设计、自我策划、自我调整……包括对已有目标、方向、路径和心态的调整"②。

教师绝不是代替学生筹划，而是帮助其发现可能性，启发选择的原则，合理预测不同发展可能导致的结果。作为伙伴的教师，应该以一种开放和理解的方式接纳不同个性的学生，捕捉个性中的积极因素，适时加以肯定，帮助他们发现自我，做最好的自己。德里达的"让他者存在"启发我们，要保持一种"对他者的理解，这一理解尊重那位他者的理想。当我们干预时，当我们试图劝说时，我们帮助作为他者，而不是仅仅作为我们自己影子的他者做得更好"③。

4. 变"单向输入"为"共生互学"。

教师不仅要认识到自己的专业发展与个人的成长离不开学生，而且应认识到今天的学生确实在许多方面都要强于自己，自己必须向学生学习，"以生为师"④。师生处于同一教育场之中对话互动，使自身的认知、情感、态度、价值倾向呈现动态变化。学生在某种程度上也在教育老师，学生强烈的探索欲望和接受新事物的能力提醒教师"后生可畏"，要保持年轻心态和探索者的姿态。学生成长的困惑、问题，乃至"问题学生"，都可以成为教师专业成长的契机，都在提醒教师专业道路上学无止境，并为其提供了新的研究课题。对此，教师要心存感激，把握机遇。在终身学习的时代，抱残守缺的教师必将被淘汰，而教师知识更新的动力恰恰来自学生。虽然师生"互学"的重点不同，学生更多的是通过教师的讲解、引导，激发建构对世界和自我的理解，教师则以个体学生为

---

① 李政涛. 教育科学的世界 [M]. 上海：华东师范大学出版社，2010：254.

② 同①：245.

③ 奈尔·诺丁斯. 教育哲学 [M]. 许立新，译. 北京：北京师范大学出版社，2008：244.

④ 吴康宁. 学生仅仅是"受教育者"吗？——兼谈师生关系观的转换 [J]. 教育研究，2003（4）：43—47.

媒介不断促进专业发展，但彼此在生命中相遇都毋庸置疑地成为对方生命成长过程中的独特资源。

既然师生关系是守规则的伙伴关系，班级公约就必须由师生依据校规校纪，结合本班实际协商产生。这样产生的班级公约，是学生自我道德约束、学业期待、发展意愿的体现，学生会将遵守班级公约当成自我需要，会把班主任依规奖惩当成为同学们服务，而不是镇压同学。关系捋顺了，师生和谐了，班级运行的效率就会上去。

第二节 班级公约：机会向所有人开放

班级公约由师生依据校规校纪，在理性协商的基础上制定，是校规校纪的具体化表述和个性化呈现。班级公约的用意不是控制人、规训人，而是教育人、激发人、成就人。因此，在制定之前应先让学生思考：教育方针要求培养什么人？自己应该成为什么人？前者是后者的基础。班级公约应为实现班级愿景和个人抱负保驾护航。因此，先组织学生系统学习校规校纪，再结合个人愿景、学习目标、班级愿景，分组制定。班主任可以把往届的班级公约印发给学生，供学生参考，或在此基础上修订。

班级公约必须体现正义原则，必须有利于激发人的善意和潜能。正义原则要求从整体角度处理各种起点不平等，尽量排除外在因素、偶然因素对学生发展空间的压制，坚持学业进步、班干部竞选、资源分配等机会平等地向所有人开放。

按照罗尔斯《正义论》中的"无知之幕"原则，班主任要假定所有学生在制定班级公约的过程中都有同样的权利、每个人都能参加提议并说明接受它们的理由……每个人都被假定为具有必要的能力来理解所采用的任何原则并根据它们来行动。这些条件和"无知之幕"结合起来，就决定了正义原则将是那些关心自己利益的学生，"在作为谁也不知道自己在社会和自然的偶然因素方面的利害情形的平等者的情况下都会同意的原则"[①]。为此，班级公约先由学生分组讨论，形成草稿，如果有分歧，再提交全班讨论。讨论既加深了印象，又考虑到不同学生的需求，能促进相互理解和融合。

在讨论之前，我确定了一个宗旨：班级公约要有利于激发所有人的善意和潜能，每个同学都能感受到班级的善意，让每个努力的人都得到尊严；必须鼓励学生德智体美劳全面发展，既要激励优秀学生，又要让学困生看到希望，感受到温暖。

首先，班级公约必须有奖惩。奖惩必须合法，且关联学生的核心利益。学生通过研究校规校纪和自身情况提出，必须把奖惩与期末评优和综合素质评价挂钩，才能引起大家的重视。于是将奖惩情况兑换为积分，把学生的日常表现加以量化。考虑到不是所有品行都可以量化，只看积分，会让一些学生"唯分是从"，在无法量化的地方放纵自己，破坏班级氛围，所以在期末评优时要将量化和投票相结合，在民主投票过程中，每得1票，则在量化积分中加1分。得票和积分的总值可以兑换成班级"货币"，用于购买公共资源。

其次，班级公约要体现德智体美劳五个维度，既鼓励优秀学生，又重点激励后进生。各项加分的原则是，班上任何一位同学经过一学年的努力，都可以成为积分最多的那个人。这有助于让学生亲身体验通过努力改变"命运"的过程。

校规校纪体现了学校的办学理念，班级公约只能是校规校纪的细化，不能与之龃龉。为了获得广泛认同，凡是对学校安排加以权变的班级内部规定，都要经由民主讨论。例如，班上一些学生家长曾经反映学校给学生自由活动的时间太多，导致在校时间利用率不高，晚上熬夜。有学生反映：晚自习之前有85分钟，晚饭只需要15分钟，剩下的70分钟，有人用于聊天，有人吃零食，有人闲逛，能不能规定在下午5:50统一回班自习。而有些班级对于类似的要求，

[①] 约翰·罗尔斯.正义论（修订版）[M].何怀宏，何包刚，廖申白，译.北京：中国社会科学出版社，2009：15.

在学生的抗议下，最终不了了之。这种规定或许动机良好，但无章可循，未必适合所有学生。有些学生有锻炼的习惯，有些学生注重友情需在交流中宣泄情绪。于是，我组织学生讨论这段时间怎么利用。学生建议：下午 5:50 之后教室要保持安静，可以小憩，可以读书做题；如果想运动或聊天的，就到走廊、树林、湖边、操场等处。这样室内室外互不干扰。该建议得到所有同学的赞成，补充入班级公约。

再如，有人建议：之前周六日总想着写完作业之后做好复习和预习，但忙完作业之后就想玩。我们能不能利用周一某个时间把上周所学测验一下呢？这样可以提醒大家及时复习。我觉得这个建议很好，就组织学生讨论。有学生表示，担心每周检测会让家长过分关注，增加心理压力。我说："我们进行测试是为了提醒大家运用艾宾浩斯遗忘曲线复习，不是为了选拔、竞争，成绩不发给家长，不排名，但是如果连续几周不复习，我会善意提醒。"全班同学举手通过。坚持了一段时间之后，学生成绩直线上升。后来，有些学生觉得没有必要了，又集体表决否定了"周周清"。两周之后，又有学生反映：没有周测约束，周末就荒废了，能否恢复。我说："你们的讨论获得通过，但要理性，不要三天打鱼两天晒网。政策没有连贯性，就失去了效力。"学生又组织了投票，于是"周周清"一直持续到高考。

后来，有学生建议可以建几个QQ群，每个群里都是关系要好且水平相近的同学，节假日每个人就把自己的计划及完成情况写下来，拍照发到群里。这样可以相互学习，彼此激励。我赞成这一建议，并加以补充："有些同学周末有自己的安排，甚至可能涉及隐私，所以大家自愿参加。我会做一些点评，帮助你们优化计划，但不会监督。你们觉得效果不好可以随时退出，但是只要在这个群里，就要按时提交计划。"

班级公约，要突出"公"和"约"。既然是"公"，就要经由每个人同意，且限于班级公共生活，取大家建议的"公约数"，不能限制学生合理的个性化行为，在公约之外要保证每个人有自主活动、自由选择的机会，也不能把包括老师在内的个别人的意志强加给别人。所谓"约"，强调的是自愿让渡自己的自由给班级，是一份必须遵守的承诺。班级公约是基于每个人的意愿和利益固定下来的制度。因此，违反班级公约不是冲破约束，而是对自己初心的背叛，对班级秩序的破坏，达成这一共识，班级公约才能充分发挥落实班级愿景、促进班级文化建设的作用。

| 附　录 |

2019届高三9班班级公约

一、三好学生

有下列行为之一者取消三好学生评选资格：

1. 本学期迟到、早退、旷操累计超过5次。

2. 有作弊、盗窃等行为。

3. 各科累计不交作业超过5次，且成绩退步。

4. 在网上侮辱诽谤老师或同学，阅读量超过100人次。

5. 组内（值日组、行政组）评比低于两票，且经过调查确实存在推诿、偷懒、不负责任现象，并扣2分。

6. "公民责任"得分为负数。

（说明：三好学生就要关注全面发展，"学习好"标准由学校统一制定，"品德好"的底线是无作弊、盗窃、诽谤他人等道德问题，"身体好"则根据体测成绩、是否有旷操等行为确定，不劳动、不做操则涉及劳、体问题。）

二、公民责任

1. 不迟到早退。违反1次，扣1分。（学习委员）

2. 处理好班级卫生、宿舍卫生、个人卫生，按表值日。班级每扣1分，则给组员扣

1分，以此累加。不按时值日的，扣2分。（劳动委员）

3. 眼保健操值日生每人一周，班级每被扣1分，值日生扣1分，如果值日生找到违纪同学，则相应同学分别扣1分。旷操、旷课、旷大型活动，每次扣3分。如触犯校规，按校规执行。请假需要假条和家长短信，两个手续要齐全。（班主任、班长、值日班长）

4. 在大型活动中因不遵守纪律，班级被扣分，则相应同学扣分。（班主任）

5. 不参加集体活动如运动会、合唱节、外出考察，且理由不充分的，扣1分。（班主任）

6. 教室内禁止食用午餐、晚餐，发现一次扣1分。教室内用手机或手机铃响，手机责令家长保管，并扣2分。（班主任）

7. 在应保持安静的时间随意走动、交头接耳的，扣1分。（班主任、值日班长）

8. 不完成组内、班内、校内规定任务的，每次扣1分。（班主任、班长、劳动委员、组长）

9. 默写、周测、考试夹带小抄或作弊，取消一切评优资格，并扣10分。作业抄袭扣2分。（班主任）

10. 在校内外做好人好事，可酌情加1~3分。（班主任）

11. 主动担任学生干部、课代表、值日组长、行政组长，且较好地完成任务的，加5分。（班主任）

三、青春活力

1. 参加学校统一组织的各种文体赛事、大型活动，根据奖次，加1~10分。

2. 周测成绩每次进入班级前15名，加1分。

3. 学习上分为"进步分"和"优秀分"。

进步加分规则如下：进步年级名次的八分之一或年级20名，属于进步，对进步者实行两套加分方案，取最大值。第一套方案：每进步一个八分之一，加1分，每次考试最高可加至8分。第二套方案：每进步20名加1分，最高可加至32分。增设第二套方案的目的在于鼓励暂时落后的同学勇于超越。连续进步者双倍加分。

优秀加分规则如下：进年级前20名加6分，前50名加5分，前100名加4分，前200名加3分，前300名加2分，前400名加1分。

"进步分"和"优秀分"可以同时加。例如，张三原名次为640名，一个月后考到年级第20名，其加分是"进步分"（31）+"优秀分"（6）=37分；如果下次又考到年级第一，则第二次加分为"进步分"（7）+"优秀分"（6）=13。

（说明：热爱学习，追求卓越，属于青春活力的内容。很多孩子之所以不努力，是觉得自己没有希望，没有成就感，不受关注。而鼓励进步，又对优等生不利，对学困生是廉价的奖赏。这种加分制度，会让每一个努力的同学都得到鼓励。基础差者，可持续上升，容易得到"进步分"；基础好者，进步很难，但可以得"优秀分"。）

四、创造思维

1. 在国家、省、市级比赛中获奖者，加1~8分。（全国奥赛及正规比赛一等奖8分，全国二等奖、省一等奖5分，省二等奖、市一等奖3分，省三等奖、市二等奖1分。）

2. 对在国家、省、市级刊物上发表文章的学生，加1~5分。

3. 在班级活动中有较好创意，且被采纳的，加1分。

（说明：创造源于对分数以外的事务的关注与好奇。创造思维源于空出时间来阅读、幻想、实验。既然学校有创造思维这一维度，我们就需要在班级公约中有所体现。这种体现必须有可靠的成果来界定。）

五、国际使者奖

1. 在国家、省、市级英语能力大赛、读写大赛中获奖者，加1~8分。（全国奥赛及正规比赛一等奖8分，全国二等奖、省一等奖5分，省二等奖、市一等奖3分，省三等奖、市二等奖1分。）

2. 期中期末英语成绩居年级前10名加8分，前30名加5分，前50名加3分，前100名加1分。

3. 接待外宾或参加其他外事活动表现良好的，加10分。

六、独具魅力奖

"公民责任"与"青春活力"得分之和不能低于 5 分，且达到学校要求，将所得分数加入民主票数。

七、学生领袖奖

以上所有奖项得分之和不得少于 10 分，并将所得分数加入民主票数。

八、说明

1. 在涉及优质资源分配、评优评先时，以期末民主评议票数为基础，加上上述量化得分，从高到低依次取得相应资格。

2. 本公约主要针对常见问题，未涉及的问题由班主任决定，特别重要的情况征求班长、团支书意见。

3. 之所以用民主投票和积分相加，是因为学生表现并不能完全被量化。如果只用积分来决定"三好学生""校长奖"等荣誉，那些不好量化的工作便没人愿意做，这样就会制造大量"精致的利己主义者"。所以，投票显示民意，积分引导民意，两者相互补充，共同起到激发学生善意和潜能的作用。

第三节　学生眼中的班级制度

一位同事在微信上向我带的已毕业的学生小张、小卜询问："张老师是怎么管班的？感觉你们班学生学习劲头太大了，有些奇怪。"他俩总结了几点，在微信上发给我，问是否到位。我说："总结得很好，但你们可能不知道我这样做的依据。"于是我在他们整理的内容的基础上加上了一些说明。

张老师是如何管班的

一、家校联系密切

建立与学生和家长联系的 QQ 群、微信群。

每星期分 2～3 次向家长反馈学生迟到、作业完成情况，家校共同监督学习规范的落实情况。要求家长信任学校和老师，抽空阅读相关教育书籍，提升教育理念，改进教育方法，向优秀教育者学习。（说明：家长中普遍存在越俎代庖、自以为是、好心办坏事的现象，通过家庭阅读，既可以转移家长的注意力，解放孩子，缓解焦虑，又可以提高教育水平，形成家校合力。）

二、一切"按规办事"

在班级组建之初要求每个人提几条班规，在班会课上逐条讨论，结合同学和自己的意见进行删改，形成班级公约。班级公约一经确定，在一学期内就不再更改，违反者必须承担相应后果。（说明：用民主和制度代替专制和人治，激发学生的潜能，加强学生对制度的认同感；老师不站在学生的对立面，不作为统治者的身份出现，只作为制度的执行者出现。）

班级采用量化管理，建立积分制度。班级积分是根据日常操行、公共服务（日常值日和班级活动服务）、考试名次、成绩进退、学科竞赛、艺体活动等换算成的班级"货币"，可用于购买各种公共资源，如选座位时作为货币，竞争各种荣誉时加入得票数。（说明：避免阶层固化，给每个学生以上升的机会，鼓励学生不断进步和逆袭，确保班级任何层次的学生都可以通过一学期的努力成为积分最高的人。让学生的行为表现与其最关心的现实利益挂钩，让学生明白，多劳多得，只有为团队付出，才配享有荣誉，才可以支配更多资源。单纯的投票，依赖于班级的风气，缺乏量化支撑，是虚假的民主，容易鼓励拉帮结派，导致劣币驱逐良币。所以，评优评先都是量化与民主相结合。）

班级公约每学期会根据发现的问题进行修订。同学的一切行为必须遵守班级公约，否则会在家长群和班级上通报，班主任也会视情节轻重约着谈心。（说明：制度不应只是贴在墙上、挂在嘴边，必须落到行动上，避免"破窗效应"。）

保证每个班干部分工明确，各司其职，分担班长工作。（说明：班级除了常规的班干部，还设有副团支书、统计委员，尽可能地设置更多的班干部，是为了保证各班干部能各司其职，而不是相互推诿。）

不放过任何一个存在隐患的小错误，重点要求学生有良好的沟通能力，具备基本的公民素质。（说明：你不是世界的中心，别人不可能围着你转。要学会换位思考，悦纳自己，体谅他人，主动沟通。在公共空间讨论时，让距离最远的人能听到你的发言，这是对别人的尊重。）

三、鼓励自治自动

学校和班级活动都由学生自己组织，如果需要老师帮忙，直接找他。（说明：我不是事事亲力亲为的班主任，所有学校组织的活动我从不亲自指挥，均由学生自己策划。学生们很有创意，我的任务是表扬。我会特别强调每次大型活动的教育意义，不能把它们退化成简单的娱乐活动，并从侧面了解进度、困难等。）

对于一些严于学校的制度，如晚上 6:00 开始晚自习，学生自愿遵守。要求自 6:30 开始，班上的同学不得随意走动说话，但可以选择不进班。（说明：学校规定晚上 6:30 开始晚自习，我无权改变学校的传统，但会尊重学生的多元需求，确保想学习的学生有一个安静的环境，不想学习的学生可以自由活动，但不能打扰热爱学习的人。让学生自由发展，互不干扰。）

强调让学生自觉学习，组建了多个群，同学自愿入群，在休息日发自己的计划和完成情况，相互交流，共同促进。（说明：班里都是队友，对手在班级之外，所以大家要相互帮助，不要相互提防。）

操作上重视专业性，且责任感、原则性强，对很多可以"水"过去的事情不愿意妥协，如抓作弊、报失踪、对作业质量要求高等。但是搞活动又特别积极。

对于学生给予的评价，我有几点感想：

首先，谢谢学生用"专业性"评价我的工作。我认为班主任工作绝不能耗时间、使蛮力，而要运用心理学、教育学、管理学、社会学相关的知识和理论，激发学生主动发展的潜力，让其产生更高的自我期待和更强的自我效能感。我不太喜欢别人夸我"敬业""勤奋""认真"，我在班主任工作中会注意不侵犯学生隐私、不没收学生财物、不干涉学生恋爱、不公开学生名次、不把学生的成绩名次告诉家长、不拿成绩单跟学生谈心、高三不强调高考的紧迫、不设置班级倒计时牌等。但我相信，学生一定要成为使世界变得更好的新一代，不应该为了暂时的利益甘愿被奴役。如果他们有机会成为管理者，一定会关注员工的需求、尊重员工的选择、激发员工的善意与潜能。

其次，感谢我的学生，他们没有用一些高度抽象的形容词去敷衍老师的询问，而是条分缕析，耐心回复。这就是理性的精神，这样的人应该成为时代的精英。相信他们在未来的职场上会做得更专业。专业是敬业的前提，不专业的敬业，只是认认真真走过场，最终会导致南辕北辙。

第四节　从制度到文化

班级文化是指在班级成员长期交往中形成的思想文化及其物质结晶中具有共性、相对稳定、比较突出的色调，包括价值取向、风气习俗、思维方式、审美情趣、性格气象等。

班级文化的形成既是班主任、科任教师、班干部、非正式团体的骨干共同努力的结果，也是学生在长期趋利避害选择中形成的风气。

用制度营造良性文化

如果制度能惩恶扬善，长此以往就会形成良性文化。班级公约能让勤奋、善良、友爱的人获得实惠，营造出一种勤奋、善良、友爱的氛围。"理性经济人"是西方古典经济学家对人性的抽象假设。它最早由亚当·斯密在《国富论》中提出，主要包括三层含义：利己之心是人们经济行为的内在动力；这种利己之心能在客观上促进社会发展；个体的理性和良好的制度是实现利己、利社会的条件。经后人延伸，该理论发展为三个核心概念：经济人是自利的；经济人是理性的；在一定前提下，经济人的理性行为有助于促进社会总体福利的增加。制度经济学派的贝克尔指出，人所要满足的"效用"不仅包括物质财富、货币收入等经济利益，还包括个人对社会地位、名誉、声望、尊重等非经济利益的追求。这一范式的核心原则是，当人们面临若干可能的选择时，总是更愿意选择能为自己带来最大效用或满足的可能性。他认为人的一切选择都是出于成本—收益的经济考虑。因此班级制度要保障那些刻苦努力、给班级贡献大的学生获得相应的收益。

社会学研究发现，规则越清楚、明确，所指向的行为主体越具体，则越容易实现制度的激励效能。班主任一定要提醒学生注意班级工作与自身学习的平衡，让学生能够体会到，老师是帮助他们全面发展的，而不是把他们当作工具来使用。只有遵守纪律、学习刻苦、积极参加班级活动的同学在学业成绩、评优评先等方面获得实惠，才能让周围人感觉到"善有善报"。显性效果最能起到教育效果。

用实效培育良性文化

多年前，我带的班上有个男生很聪明，但身体较差，不能熬夜和久坐，请老师减免他的作业。但出于自尊和虚荣，他经常宣扬"学习超过8小时就会损伤脑细胞""写作业没用"等错误言论。他幽默风趣，讲义气，成绩又好，在班里的威信很高。一些学习不得法，在考试中频频受挫的学生，逐渐相信了他的言论，于是在男生群体中形成了炫耀聪明、不写作业和背后调侃老师的不良风气。我跟很多学生谈心，试图扭转这股不良风气，却都无济于事。后来，我发现，这股风气盛行的根源是，勤奋的学生成绩没有进步，表面不勤奋的学生成绩却遥遥领先。只有让学生切身感受到勤奋的效果，获得成功体验，才能让那些"歪理"不攻自破，扭转风气。于是，我挑选了几个聪明、想学习但习惯差的学生，帮助他们梳理无效、低效的环节，培养他们限时定量完成任务、对学习内容精细加工、周末重做错题等习惯，做到"周周清"、不留死角。这几个学生的成绩开始直线上升，其中一个学生在半年内由年级中下游上升到了年级前10%。他还坚持健身，体重由115公斤减到了85公斤。事实胜于雄辩。我请这几个同学结合自身转变谈谈良好习惯的效果，其他同学开始心向往之。于是，崇尚认真、务实的学习风气在班级中悄然形成。

一个班级中，即使享乐、颓废、散漫之风盛行，也不意味着多数学生都不思进取、浑浑噩噩，有这样表现的只是极少数学生，多数学生对是非对错心知肚明，但为了自我保护，选择随大流、不发声。然而，沉默就是对不良风气的纵容。良好班级文化形成的关键，是班主任保持对班级文化的主导地位，分化瓦解那些起着消极作用的非正式群体，给富有正义感的学生以表达意见的平台。

刚做初中班主任时，我有一次就险些失去了对班级文化的主导权。当时，我按照班级公约，根据学生自荐，设置了临时班长，规定一个月后正式民主选举班干部。临时班长小刘的素质不够全面，威信不高。小李为了战胜小刘当选班长，联系了十几个班里比较活跃的男生，每天和他们分享零食，诋毁小刘，并夸耀自己的社会资源丰富，来提高威信。两个星期之后，小刘的威信越来越低。小李"小团体"哥们义气压倒了班级纪律，班风坏到极点。我发觉这一点后，挨个找"小团体"中的成员谈话，给其中学习好、被动加入的同学描绘初中、高中、大学的美好蓝图，赠送他们名人传记，对一些"骨干成员"则苦口婆心地劝说，但收效甚微，因为他们谁也不愿意公开背叛"友谊"。一天，小李上课扔粉笔头砸小刘，被我看到。我感觉时机成熟了，便将他叫到办公室，列举了半个月来他在课间密谋、造谣生事、拉帮结派、违反纪律等一系列事实。他辩解道："团结同学有错吗？"我说："如果你团结同学，应该带着大家共同进步，为班级做好事。你想当班长没问题，但前提是要刻苦学习、关心班级利益。如果大家都知道你只热衷于拉帮结派，不认可你，你去竞选，不是会碰一鼻子灰吗？"他不服。我说："我们试验一下。你挑十几个人，大家不记名投票，你看他们会不会支持你。"他说："好。"

他挑了十几个人，基本上都是"小团体"成员。我说："同学们，我们做一个关乎大家命运的调查，每个人先想一下自己初中三年要实现什么目标，什么样的环境最有助于实现目标，什么样的班长可以带领我们营造良好环境。然后请你们不记名投票：小李是否适合当班长？"

因为我之前都跟这些学生谈过心，他们也认识到了小李的本质，所以投票结果在我意料之中——只有1票赞成。小李感到非常意外。

为了彻底挽救小李，消除误会，我跟大家说："你们平时跟小李走得很近，为什么不选他呢？如果是真朋友就该坦诚相待。你们还小，可塑性强，只有真心开展批评和自我批评，才能共同进步！如果遮遮掩掩，貌合神离，其实是相互伤害啊！"

小亮终于开口了："他的优点是豪爽大气，比较聪明，学习基础好。缺点就是没有把心思用在学习上，喜欢攀比，比较虚荣。"小洪说："小李经常讲他的社会背景，让我们觉得学习无用，想着早点进社会。"大家七嘴八舌地说了起来。

我告诉小李："当面指出你缺点的人才是真朋友。只要你好好学习，为集体做贡献，即使当不上班长，仍然可以过得充实、有意义。"经过这件事，学生们发现人人都有正义感，没人真心佩服小李。最后，"小团体"中另外一个威信较高的同学竞选上班长，取代了临时班长，此后班级风气焕然一新。

这件事给我的教训是，在班级文化形成过程中，班主任要始终起主导作用，确保让肯吃苦、愿分享、乐于助人、正直向上的学生得到尊重、声望和地位。这样在趋利避害的本能作用下，良性文化就会自然而然地形成。

用身边榜样彰显班级文化

班主任不要刻意树立榜样，因为老师眼中的完美学生，很可能是刻意表现的人，未必能得到朝夕相处的同学的认同，甚至可能遭受孤立，难以发挥示范、激励、带动的作用。所以，发掘学生普遍认可的榜样尤为重要。这就要求班主任深度研究同辈文化，观察非正式群体的趣味、结构，有意识地引导非正式群体的发展。例如，判定非正式群体中的核心人物，发现他们的闪光点，提高他们的自我期待，创造机会使他们在为班级服务中获得成就感，扩大其影响的范围，带动整个团体的进步。对于带有消极作用的非正式群体，要分析其消极的根源，利用骨干人物、重要事件进行瓦解、转化，对团体内部成员分类处理，各个击破，寻找各自优点，以暗示、倾听、表扬等方式，让他们在班级活动中找到信心和乐趣。

在多数人的眼中，一贯优秀的人难以企及，而跟自己基础、天资相近的朋友如果进步突出，给自己的触动会很大。所以，班主任要善于发现学困生、频繁违纪学生身上的闪光点，通过持续地有效指导，帮助他们不断超越自我。他们的进步，不但可以提升自信，还可以发挥"鲶鱼效应"，撼动班级格局，让因失去信心而安于现状的人看到希望，产生动力；让自以为优秀而沾沾自喜的学生看到危机，自我反思，优化学习策略。当一成不变的格局被打破时，班级的活力、潜能就被释放出来了。身边的榜样给学生展示了自己实现目标的可能性和具体路径。因此，选对有潜力的学生使之成长为学生身边的榜样，就是在培育班级文化。

班主任不要凭成绩、印象给学生贴标签，要对所有学生都施以无差别的爱心，通过观察、访谈判断其学习动机、学习策略等，进而提供个性化指导。当身边的榜样成为耀眼的那一个，学生就会看到希望，就会努力上进，你追我赶，进而全面发展。经由学生的观察和体验，勤奋、方法、互助才能得到广泛认同，班级文化才会越来越积极健康。

在集体活动中强化文化

文化不是口号，必须内化于心，外化于行。因此，在集体活动中，班主任要注意落实、弘扬班级文化。我现在带的文科1班，我们将班级愿景确定为"尊重别人的梦想，不负自己的青春"，在集体活动中，就要允许所有学生自主选择，抛开各种各样的顾虑和心理压力。

例如，一年一度的校运会上，我们鼓励争金摘银，但也绝不嘲笑落后的人。我把运动会报名表贴在教室的公告栏上，想参加的同学可以直接去签名，不到一天，所有项目全部报满了，有的甚至超额。这是因为根据班级公约，报名即可加1分；取得上场的机会，则再加1分；上场后，如若获得奖次，会再加相应的分数，如某同学得了某项运动的冠军，就会获得9（第一名得分）+1（上场分）+1（报名分）=11分。用积分鼓励学生和自己比，做最优秀的自己，而非没有获得奖牌就放弃。每个人都会权衡自己最可能得分的项目，科学分工，有利于本班在运动会中获得更高的团体总分。有些班级虽然再三动员，报名者仍然寥寥无几。为什么？南师附中的学生都是初中学习的优胜者，偶像包袱重，怕拿不到名次被人笑。而像我班这种由制度产生的报名积极性，经过班主任的阐释，会成为一种文化植入学生心中。我说："我们班的可贵之处是不以成败论英雄，超越过去的自己。每个勇于追梦、敢于拼搏的人，都应该得到尊重。我们为所有报名的同学喝彩！"

高二戏剧节，其他班级表演经典剧本，我班学生觉得那样没有意思，经过民主讨论，他们想分组改写自己喜欢的小说，然后同台竞技，胜出者代表班级参加比赛。这样，不仅参与面广了，学生阅读、写作、表演、合作能力都得到了提升。这些活动，不仅仅是因为班级公约规定参与者都可以加分，更是因为学生们已经超越了"为获奖而比赛"的短视，形成了"做最优秀的自己"的文化氛围。

班级公约由学生协商制定并在班级管理中得以有效践行和检验，使守约者从中获益，那么班级公约就会内化为一种自觉意识和行为习惯，它所体现的平等、友善、进取与合作精神才能成为班级文化的有机组成部分。

第 三 讲

班干部的选拔与培养

第一节　让理想的班干部自动"冒"出来

班级组建之初是班风形成的最佳时机。班干部对班风的形成举足轻重，如果他们相互推诿或勾心斗角，班内必然危机四伏，其他学生出于自我保护也不愿投身班级建设。如何尽快选出称职的班干部呢？自荐或指定，会因缺少民主程序，难以服众，如果不适合就错过班风形成的良机；民主选举，因为新班的学生彼此生疏，凭印象投票选出的人未必能胜任。于是我尝试采用自由分组，各组轮值完成班委工作，让理想的班干部人选"冒"出来。一段时间后，再用自荐、组内选举和民主竞选相结合的方式确立临时班委。几届下来，我发现这样做的效果很好。

新班级一般会安排自我介绍环节，传统方式是学生依次上台介绍姓名、爱好、特长等。由于人数多、时间短、形式单一、缺少互动，效果往往不佳。为了让班内活跃分子尽快脱颖而出，加速班级融合，我采用"定点推销法"完成这一环节。

1. 学生按身高从低到高依次进教室选座位，坐定。
2. 布置任务：用30分钟的时间，了解所有同学的基本信息。

要求：（1）学生全部离座，寻找陌生人进行自我介绍，并了解对方。（2）可以一对一对话，也可以自动分组，依次介绍。（3）可以拿着纸笔，辅助记忆。（4）可以创造性地采用各种方式介绍自己，让别人记住你。

3. 考查方式：请学生 30 分钟后回到座位，发一张空白 A4 纸，每个同学按当前座位制作完整的座次表。班主任组织学生分别统计知名度最高、记住人名最多的同学。

为防止有同学提前制作座次表，班主任事先不能告知检测方式。

我布置完任务后，教室里立刻沸腾起来：有人将自己的姓名、爱好编成顺口溜；有人把名字写在整张纸上，找陌生人展示；有人飞快地搜索陌生同学，上前兜售；有人专门往人多的地方凑；也有人躲在角落一脸茫然。我则细心观察每个人的表现。半个小时后，学生坐定，开始制作座位表。统计结果显示，有学生竟能记住 37 个名字，妥妥的"社牛"！有的学生只能认识七八个。我分别公布班上最有知名度的 5 位同学和认识人最多的 5 位同学。

这一环节不仅是促进班级融合，使我了解了很多同学的个性，更为重要的是，让学生感受自由的氛围。在这种氛围中，知名度、认可度都是个人选择的结果。

小组团建，让每个学生找到自身位置

团队小组建设融娱乐性与教育性为一体，既能起到加速成员熟悉的破冰效果，又有助于学生展示自我，营造相互关怀、充分互动的氛围，提升适应力和凝聚力。

我的做法具体如下。

1. 破冰游戏：将全班随机分成 8 人以内的小组，组员依次介绍个人姓名、个性、爱好等信息，后介绍者要重复前面所有同学所说的信息。要求在 10 分钟内完成两轮。目的是迅速打破学生沉闷、羞涩的状态。这一环节可以单独进行，也可以在前面自我推销的基础上进行，进一步增加更为具体的信息。

2. 团队建设：分为组内分工和小组展示两个环节。在组内分工阶段，组员自愿担任组长、计时员、记录员、宣传员、观察员、发言人等角色。此阶段，组员的参与意愿和个性差异开始展现。在小组展示阶段，各小组用 40 分钟完成队名、队标、口号、队歌的选择和设计，轮流上台展示。组员在任务驱动下各显其能，深入交流，促进了相互了解。在分组展示中，各小组骨干成员的影响力开始向全班辐射，崭露头角。

3. 组际评议：各小组派代表总结本组的优点和不足，评出最佳设计小组和最佳展示小组。我在点评中把握舆论导向，渗透治班理念。

这些活动可以帮助我把握班级成员的总体情况；帮助学生消除对新环境的陌生感和无助感，获得安全感和认同感，对自己在班级准备扮演的角色有一个初步预期。

任务驱动，为骨干分子搭建展示的平台

入学教育期间和刚开学前一两周内，我让各组轮流负责班级常规管理，组员自愿代理班长、体育委员、学习委员、劳动委员、组织宣传委员等职务，给每个学生服务班级、展示自我的机会。此外，还通过分组活动，为骨干分子充分发挥个人才能创造条件。具体做法如下。

1. 做心理游戏。我设计了系列心理游戏，让学生在活动体验中受到教育。例如"建塔游戏"。游戏规则：给每组发 20 张同样大小的报纸、一卷透明胶带，用所给的材料在 10 分钟内搭建一座纸塔，最后决出作品最高、最稳固、最美观的一组。要求：前 5 分钟，研究方案；后 5 分钟，所有人保持缄默，相互配合完成作品。

比赛开始，前 5 分钟大家七嘴八舌，各抒己见，气氛一下子就活跃了；后 5 分钟因为不能说话，为了能配合默契，学生们挤眉弄眼，各种手势都用上了，忘掉了紧张和拘谨。这一活动有助于培养和考查学生的协商意识、合作能力。在此期间，有创新思维、主动表达、勇于担当的学生会在活动中起主导作用。

2. 完成研究报告。我给各组提供了一份杰出校友名单，要求学生分组搜集这些校友的成就，探究他们的成功原因及给自己的启示，完成研究报告，并制

作 PPT。我一般会在放学前布置这个任务，要求第二天分组展示。

写研究报告的目的是让学生搜集并阅读校友事迹，学习他们热爱祖国、服务社会、追求进步、孜孜不倦、知难而进等精神，让学生想到自己在生命最有活力的时光与他们的足迹重合，萌生一种赓续传统、接力前行的冲动。这一活动是学校文化认同教育，也是生涯规划教育。由于时间紧、任务重，各组骨干就必须充分发挥组织协调能力。在公开展示和评比中，那些主动热情、善于沟通、表达能力强的学生会给全班同学留下深刻印象。

这两项任务都有鲜明的指向性，班主任要通过引领和提炼充分挖掘活动的教育意义。例如，请"建塔"最高、最稳固、最美观的小组所有成员谈心得体会，请各组总结一下完成研究报告过程中的经验和教训。班主任在观察发言者言行的同时，要对主动承担、善于合作、耐心细致的同学进行表扬，这样既引领了班级舆论导向，又扩大了各组骨干分子在班级的影响力。

公开竞选，让民主权利得到理性的发挥

经过一周左右的小组轮值和小组活动，我会公布临时班委的岗位、名额和职责，鼓励人人参与竞选。选举程序为：（1）先在各组内不记名投票，选出 3 名候选人；（2）各组选出的候选人，可以根据个人意愿和特长，竞选 1～2 个职位；（3）候选人可采用即兴演讲、短片展示、记者招待会等多种形式来表达自己的管班理念、个人优势等；（4）组织全班公开投票，唱票。

考虑到同组内部交往频繁，了解更充分，评价更全面，我规定：小组内部每票计 3 分，组外每得 1 票记 1 分，核算总分，总分高者胜出。这样做实际上是给对候选人熟悉的同学赋予了更多的话语权，既保证了民主的广泛性，又增强了民主的有效性，使既勤勉踏实、真诚友善，又活泼开朗、善于交际的理想候选人更容易当选。

在团体小组活动中，学生以主人翁的姿态展示自我，以较高的期待参与班级活动，加速了班级建设的进程，促进了师生、生生之间的相互了解。班主任

的点评则在潜移默化中引导着舆论。在此基础上公开竞选，更容易让德才兼备的班干部"冒"出来。

临时班委在班级组建初期出镜率高，容易借助先入为主的心理规律迅速树立威信，只要他们不犯严重错误，在正式选举时都会高票当选。因此，临时班委的选拔要慎之又慎。我认为，通过活动让合适的班干部"冒"出来，是一种比较科学、便捷的做法。

第二节 岗位向所有同学开放

在班干部的选取上,我大致遵照了罗尔斯的正义理论——要完全平等地分配各种基本权利和义务,同时虽然容有差别,但还是尽量平等地分配社会合作所产生的利益和负担,坚持各种职务和地位平等地向所有人开放。[①] 因此,班干部不再是与同学对立的"官",而是"人人为我,我为人人"氛围中的班级代理人。既然所有人都是班级某方面的代理人,就都应具备主人翁的意识,主动为班级发展献计献策。

公布岗位,明确职责

在竞选之前,我会先公示班干部岗位表,声明不同岗位需要不同的个性、特长,但无高低贵贱之分,都是为了服务同学、提升自身能力而设置。每个人最大限度地发挥自身优势不仅可以提高工作效率,还可以获得成就感。然后,由学生对照岗位职责和条件主动申报,如果某一岗位申报人数超额,则公开竞选。这里渗透了一个理念:适合的才是最好的;每个人都有选择的权利;民意基础是班干部合法性的源泉。

---

① 约翰·罗尔斯.正义论(修订版)[M].何怀宏,何包钢,廖申白,译.北京:中国社会科学出版社,2009:4.

班干部岗位安排			
岗　位	人　数	职　责	所需条件
班长	2	制订、完善班规，引导舆情，代替班主任履行职权，上下课提醒。	善于学习、沟通，有大局意识、服务意识，具有领导、协调能力。
副班长	2	传达、落实学校通知，统计晚自习人数，关注晚自习动态，进行师生关系沟通；班长不在时，履行班长职权。	虑事周密，主动关心班级，做事认真，善于团结同学。
学习委员	2	记录白天考勤、课堂状态，提醒相关同学撰写班级日志。	善于学习，愿意分享学习方法，严谨、踏实，成绩优秀。
体育委员	2	体育课、运动会、课间操的人数、纪律、安全等的管理。	热爱运动，热心班级事务，肯担当，有号召力。
电教委员	1	电教管理、保修，下载并播放电影。	计算机、网络技术过硬，且自制力强。
统计委员	2	统计班级"货币"，核算年级排名、全省排名进退。	熟悉办公软件，严守秘密。
生活（财务）委员	2	一个会计，一个出纳兼组织采购，相互监督。收班费，购买班级用品，整理班级收入和支出。	细心、清廉，关注班级需求，能够甄别商品价值。
卫生委员	2	监督班级卫生，安排值日分组劳动，安排大型劳动。	眼中有活，善于分工，能够提醒同学值日和个人卫生。
团支书	1	入团、团籍管理，组织团课。	策划能力强，善于从班级生活出发选才，潜移默化地进行价值观引领。

续 表

岗 位		人 数	职 责	所需条件
团支部副书记		1	协助团支书工作。	策划能力强，善于从班级生活出发选材，潜移默化地进行价值观引领。
组织委员		2	协助班长做好班会课策划。	关注班级真实需要，表达富有感染力。
宣传委员		1	运动会稿件撰写、学校活动海报设计、班级文化建设。	文字、策划能力强。
纪律委员		2	监督班干部的履职情况、全体同学日常守纪情况。	公正，以身作则。
文艺委员		2	组织班级文娱活动。	有才艺，组织能力强，善于团结同学。
安全委员		1	负责门窗、用电、财务、网络安全。	责任心强，考虑问题周到。
心育委员		2	负责心理疏导、团队活动，搜集积极心理学案例，为班级积极发展提供学术支持。	乐观、开朗，富有同理心，乐于阅读，能够自娱自乐。
值日班长		5	周一到周五，记录晚自习、白天时的请假、迟到、早退情况，维持纪律并做善意提醒。	上晚自习，认真负责。
课代表	语文	2	认真负责，不怕吃苦，能够如实反映同学诉求。对相关学科有强烈的兴趣。	
	数学	2		
	英语	2		
	历史	2		
	政治	2		
	地理	2		

续　表

岗　位		人　数	职　责	所需条件
	物理	1	认真负责，不怕吃苦，能够如实反映同学诉求。对相关学科有强烈的兴趣。	
	生物	1		
	化学	1		
其他临时负责人		3	依情况而定，如班刊编辑、协助布置考场等。	

多设岗位，明确分工

我会在学生竞选班干部之前事先声明，无论是担任班长、团支书，还是课代表、小组长等，都平等地享有入选学校优秀班干部的机会，避免学生只着眼于班长等职位。这一声明意在引导学生树立个人的社会价值取决于工作中的德能勤绩，而非岗位名称、职位高低的观念。故我会在职责明确的前提下，多设岗位，分担班级的责任，给每个同学锻炼的机会，培养学生主人翁的意识。每一届的学生都十分踊跃地报名，有人甚至为了增加保险系数，主动填写第二志愿、第三志愿。设岗、申报和竞选的过程也是潜移默化地塑造着学生的价值观的过程。

充分放权，有效监管

班干部不是班主任的手脚，而是班级的大脑。他们最明白同龄人的想法，也最清楚班级的现状。只有充分放权，调动他们发现问题、解决问题的积极性，才能准确预防、有效解决班级发展中的问题，才能锻炼班干部的能力，提升班干部的威信。班主任既不能事事亲力亲为，也不能不管不问。班主任应该是把握大方向的人，是班干部的坚实后盾，同时也要及时纠正他们在履职过程中暴露的问题。

例如，我带的 2019 届班级的班长是个急脾气、嗓门大、热心肠的女生，经常因几句冷幽默而逗得大家哈哈大笑，在同学中威信极高。她雷厉风行，能独当一面。刚上任时跟我讨论班级事务过程中，经常会怼我。在公开场合，我会选择维护她的威信，只是在事后，将她请进办公室，对她说："你作为班长，要善于倾听，理性分析同学们的意见。如果觉得大家的建议合理，应该采取合适的方式向老师反映，但不能让老师下不来台。我们都是希望班级更好，让大家更优秀，班干部与老师意见不一致，属于'内部矛盾'，不是'敌我矛盾'，你要学会协调。"她不好意思地点点头。在正常情况下，只要我的方案和班干部的方案预期效果差不多，我就会尊重班干部的方案，满足他们的成就感，以鼓励他们主动出谋划策。

再如，学习委员王同学非常认真负责，每天都会把课表用正楷写在黑板上。有一次班级测验结束，我正在收试卷，她突然大喊一声："×××，你不要作弊！"我吓了一跳，班上鸦雀无声，那个同学哆嗦了一下，红着脸埋下头。我没有做声，示意王同学坐下。这么大的孩子，当即表扬她或者处理作弊的孩子都不太合适，影响同学关系。等到放学同学们都走了，那个作弊的孩子还埋着头写作业，等着我找他。我把他叫到旁边，问是怎么回事儿。他说："一道题做了半天，总是写不出来。这时铃声响了，就偷看了一眼，发现同桌写的跟自己想的差不多，就忍不住拿过来，把答案写下来。"我问他："是不是王同学有点让你下不来台了？"他说："我自作自受。自己这样做是小恶，如果尝到甜头，会导致大恶。"王同学也很懊悔，默默地在教室哭。我对她说："你伸张正义，做得很好啊！"她是学习委员，自然也就有很强的班级荣誉感，所以觉得自己班上不应该存在考试作弊的现象，也觉得自己维持纯净的学习风气责无旁贷。所以我对她的行为予以了认可。

又如，生活委员也是创造性地开展工作。他看到很多练习册是亮光封面，不能直接写名字，只好写在扉页上，这样分发作业的时候，就需要掀开封面，非常不方便找名字，便想出一个主意——把用在化学实验器皿上的标签纸统一贴在练习册的右上角，这样收发都方便，节省了大量时间。他还会在每学期开始根据所发的塑料封面的练习册数量买好标签，发到同学们手上。这样老师统计作业情况、学生分发作业时，就不会因为翻找名字而浪费时间了。统计委员是我班极有特色的一个职位，设 2 人，岗位要求要熟练掌握 Word、Excel 等办公软件，能够根据需求制作不同类型的表格，包括统计表、数据报表；还要能够严守秘密，不会将本班同学的数据传播出去。他们的职责就是统计每个人的班级"货币"、计算班级均分、制作历次考试的进退表格。为保证公正性，每半学期会将每个人的积分情况、加分理由在班上公布。

  正是因为各司其职，每个班干部都不会在管理上花费太多时间。制定和完善制度，激发人性之善，让善意、善行得到常态化回馈，是管理的重中之重。制度在执行中沉淀为文化，凝聚为班级共识。班主任作为班级"一把手"，不能"奋其私智"，不必亲力亲为，不用直接参与资源分配，只需唤醒学生人性崇高的一面，带领他们制定有助于激发善意与潜能的制度，再按照制度组建管理团队、监督制度的运行，就可以垂拱而治，不言而化了。这是我多年班主任工作中一直秉持的理念。

第三节　班主任和班干部的工作分工

我时刻提醒自己：班干部是班级的决策者，班级活动的组织者，不是班主任的勤务员。他们虽然阅历尚浅，但能够以青少年的敏感打量着成人世界，并自觉扮演起成人角色。班干部是同龄人选举出来的，更了解同龄人的心态、思想，因此，班主任必须倾听班干部的声音，信任班干部，发动班干部的力量，否则就会无法真正调动学生的积极性。

班主任要注意树立、维护班干部的威信，加强班干部团结。班干部相当于一个组织中的中层管理者，如果中层管理者做不到团结，即使可以做到权力制衡，也无法打造出一个有战斗力和创造力的团队，只能培养出大批甩锅、扯皮的高手。班主任要鼓励班干部创造性地工作，当他们出现失误时，班主任要主动承担责任，因为作为学生，他们会非常在意同伴的评价。如果班主任扮演的是一个事事精通、时时正确的角色，班干部动辄得咎，必然导致工作效率低下，人人没有成就感，最后班主任也会累得够呛。

在集体决策中，我经常反思某些管理上的弊端，综合发挥量化和投票两种方式的长处。比如，当涉及个人利益、资源分配的事务时，以量化为主，防止学生把精力放在人际关系上，而非做事和学习上；当涉及班级利益时，我则会先论证，再投票，这样既可以满足学生的知情权，又培养了学生的主人翁意识。总之，就是让自己决定自己的命运，但不能让集体否定个人的努力；让集体决定集体的事务，但不能让个人左右集体的命运。

有人也许会问，学生都把事情做了，要你干什么？班主任的主要任务应是研究人、培养人，而不是服务学生。学生的事务应该自理，在自我管理中成长。我则会随时出现在学生可能出现的任何地方，观察他们的学习状态、思想动态、相互关系等，掌握一手材料，以便因材施教。

例如，我会在不同时间观察某个同学如何听课、记笔记、订正错题。比如，有学生在早晨交作业前，匆忙订正了一下，我会问："你现在订正，有时间整理吗？有时间查漏补缺吗？如果昨天晚上订正了，现在拿出教材或笔记来复习巩固，是不是掌握得更牢固？"再如，有学生拿着一大本书等待做操，却不时地交头接耳。我会提醒他，即使是利用零散的时间也要有计划，重实效，不应该自我安慰或当众表演。又如，有学生大喊某次数学考试的题目太简单，但成绩却不甚理想，我会引导他反思：为什么得分和自己的预期相差那么大？一个学生一天都没有笑容，我会观察这是常态还是情绪波动。即使是运动会期间，我也会注意观察运动员和台下观众的表现：女子 1500 米比赛时，我班选手正在奋力冲刺，班上一个女生大喊："拿到前 10 就行了！有分了！"她和选手关系很好，这话绝不是给好友泄气，而是真实想法，而这个想法恰恰是她人生观的自然流露。这一点在这个学生学习中暴露无遗，如做题时优哉游哉，没有紧迫感，不专注，甚至把答案放在手边，觉得有难度就翻一下；试卷发下来，不深究错因，不重新演算，不复习和巩固似懂非懂的知识。她满足于"差不多"，没有精益求精的精神，没有对真理、真相的探索欲。我在事后的谈心中告诉她：奥运精神是更快、更高、更强，即触摸到自己的天花板，而不是满足于拿到名次和完成任务。

从事务性工作中解放出来之后，我会了解学生的生活环境和经历，确定与家长沟通的重点和策略，集中解决学生的精神成长、学习效率问题。对于善良、聪明、正直的学生，我会私下为其支招、鼓劲，因为只有好人成为未来决策者，社会才有希望。同时，我也会注意与不同岗位、性别、层次的学生交流，以免被认为厚此薄彼。

第四节　班干部的培养

班干部，首先是学生，而非干部。良好的人际关系、较高的威信是班干部有效开展工作的前提。所以，班主任必须教会班干部精准地自我定位，灵活地开展工作，不能站在同学们的对立面。凡是容易造成同学误解、矛盾的事，绝不交给班干部，而是由班主任亲自向同学们晓之以利害。班主任在培养班干部时，应创造条件使班干部在为班级服务的过程中心智更成熟、领导协调能力更强、学习取得更大进步，而不是将他们当作替自己跑腿的工具。一言以蔽之，对班干部要"培养""重用"，而非"利用"。

首先，培养班干部的责任感和主动解决问题的能力。

班干部既是执行者，又是决策者，但决策者为先，即班干部首先要发挥为班级发展进行规划设计、献计献策等职能，然后才是带头执行。在这个过程中，班主任要学会放权，给予班干部充分的信任。因为班干部生活在学生中间，最了解其他同学的心态、习惯、爱好、价值观，他们为了班级发展而主动提出的建议，往往比班主任一厢情愿想出来的措施更有效果。即使班干部们的建议不是很成熟，班主任可以对其补充，但不能无视或自作主张。

例如，我班的学生在竞选班干部之前，对目标岗位已了然于心，竞选演讲时就会提出富有创意的工作设想，如所竞选岗位的具体工作有哪些，可能存在的困难有哪些，如何防患于未然。选举揭晓之后，我会和班干部们一起细化岗位职责和管理方式，避免权力交叉。如学习委员根据学生课代表收作业比较累、经常有学生不交、检查起来比较麻烦等问题，提议：全班分成8个大组，组内每位同学负责1～2门作业，作为学科组长，收完后做好记录交给课代表核验，课代表要在早读课前送往教师办公室。卫生委员发现周五放学后学生有不值日把活儿留给下周值日的同学的现象，每天提醒一个值日生比较麻烦，还容易产生矛盾，便改为每个值日生值日一周，周二早晨交接班，这样周五的时候同学就不会再赖账了。组织委员建议，可以根据班级情况和重大节日把一些班会的主题提前公布出来，让各组认领，组织一些心育、文娱活动类班会，让学生在参与中受到教育……

对于班干部们提出的创意和改良措施，我由衷地赞叹，并当面表扬，让他们获得胜任感和成就感。对于班干部工作中的失误，我绝不公开批评，而是私下肯定其初衷，提出诊断性建议，并分析失误的原因。除做事之外，我还培养他们跟同学、老师的沟通能力，这种能力必须在实践中才可以获得。

其次，培养班干部与同学和谐相处的能力。教师在培养班干部时要思考一个问题：班干部是为谁服务的？有人也许会脱口而出，是为班级服务的。但在实际操作中，很多班主任想当然地把班干部当作自己管理班级的得力助手，进而简化为完成事务性工作的助手，没有考虑到：班干部的最终职责是促进每个学生全面、充分、个性化地发展。他们只是学有余力，愿意在为班级服务中提升自身综合素质的学生，并不是班主任的办事员。因此，他们除了执行班主任的命令，更主要的是反映班级同学的心声，在同学中间发挥模范带头作用。

例如，纪律委员负责自习课的纪律，我不会安排他去记违反纪律的学生的名字，而是看到有交头接耳、随意走动的同学，给予提醒，不用告诉我，我也不会问。但是，如果我巡查时，发现学生违反纪律，第一件事是问该生是否已被纪律委员提醒。如果提醒过了，该生不予理睬，仍我行我素，我才会"出手"。这样，班干部的管理就不是告状，而是保护。因为学生觉得自己听班干部的话，就可以避免被老师抓住。如果我让纪律委员记违纪同学的名字，这些学生会认为自己挨批评是因为纪律委员告状所致，纪律委员与同学之间就容易产生各种各样的矛盾，也容易埋藏隐患，如获得权力寻租的空间。因此，凡是容易引发班干部和学生矛盾的工作都是我亲自主持。不能让班干部既当运动员，又当裁判员。

再如，我班的班会课一般由组织委员在学期之初，根据本学期的重要节日和重大活动设计初稿，每月再预留1～2节班会课讨论班级重要事务。但是，评优评先时一定是由我来组织，在唱票时为了避免尴尬，我一般不在班内公开唱票，因为涉及优秀班干部评选，我也不让班干部唱票，而是让不参与竞争的同学负责唱票、监票。

班上凡是大型活动方案、超出一定数额的班会支出，都要在班内公布几种方案，让同学们投票决定。

最后，培养班干部们的学习能力。班干部，尤其是主要班干部由于开会、组织活动等，花费的时间多，学习时间自然会受到影响。而班干部学习成绩下降可能会带来两个后果：一是一些人不能再担任班干部，或者只挂名不肯做事，对工作敷衍塞责；二是民选班干部影响力大，可能带动其他同学也不在学习上精益求精，甚至认为学习好是书呆子，善于组织活动、人际交往才是真本事。所以，班主任要指导班干部科学安排时间，在开会、活动之余努力学习。让他们感受到，参与班级管理，是建立自己与周围世界的积极联系，让自己的生活更有意义感，这不但会开阔视野，激活思维，还可以增强学习的动力。

第四讲

让班会课"有意义"且"有意思"

第一节 站在课程角度进行班会课教学

高中阶段是个体生理发展的加速期,也是形成世界观、人生观、价值观,树立远大理想的关键期。高中生身心发展的不平衡会带来一系列的心理危机,亟须家长、老师和同学的陪伴和引导。班会课作为德育主阵地,在引领学生精神成长方面起着不可替代的作用。但是,当前高中阶段的班会课多被用于处理日常事务,随意凌乱,不成系统。班会课的设计、开发与实施远远滞后于课程理念和实际需要,亟待完善。

班会课程化有助于班主任专业成长。通过建构三年一体化班会课程体系,班主任有意识地思考各个阶段学生所需、所困,搭建内容覆盖面广、前后衔接的系列话题,可以避免"头疼医头,脚疼医脚"式低效劳动。为各个学段班会主题寻找学理依据的过程,也可以促进班主任学习教育心理学,了解学情,探讨班会课组织形式,提升个人的育人水平。

班会课程化是培养健全人格的需要。作为综合实践类课程,班会课负有打通学科壁垒,以引导学生直接体验促进其精神成长的重任,可以弥补学科教学中重知识体系、轻心理健康等不足。在设计和开发班会课程时,要站在培养健全人格的高度全盘谋划,尤其要重视那些学科教学较少涉及的内容,如理想、信念、友善、责任、意志等。

班会课程化需要回答如下问题:

1.班会课试图达到什么样的教育目标?

2. 提供什么样的教育经验才能实现这些目标？

3. 怎样有序、有效地组织这些经验？

4. 怎样确定这些目标正在实现？

制定班会课总目标

根据国家德育政策、社会现实、课程性质，经过专家的科学论证，制定班会课总目标，是班会课程化的逻辑起点。教育部《中小学德育工作指南》等相关工作文件是制定班会课总目标的法律依据。当下社会生活和本班学情是制定班会课总目标的现实基础。

班会课的性质决定了课程目标应该有独特的描述方式。不同于以学习知识为主的间接经验取向课程，包括班会课在内的综合实践活动课程更重视直接经验。"一方面课程的设计是以学生的生活经验、生活背景、生活中感受到的问题与需要为中心的，强调学生经验在课程中的独特地位和价值；另一方面，课程的实施是建立在学生的活动经验和活动过程基础之上的，强调学生的亲身经历和参与。"[1] 班会课课程目标的制定和描述要体现上述特点，避免大而空，难以落实和评估。例如，它不应该用"追求卓越""正直向上，热于求知""自强不息"等抽象词语来描述，应该用能体现方式与过程的词语来描述，如"通过三年德育课程，学生体验到生命的责任感，锻炼了心理素质，养成了自主学习的习惯"等。

建构三年一体化课程内容体系

确定了班会课总目标之后，班主任要建构三年一体化的内容体系。具体步骤如下：

---

[1] 郭元祥. 综合实践活动课程与学科课程的关系 [J]. 福建教育，2003（12A）：9–11.

1. 罗列出实现德育目标学生需要必备的素质。

2. 剔除相互交叉和重复的概念，留下核心概念。

3. 根据学生的身心发展规律，在整个体系中确定每个概念的时间坐标，各个阶段的主题相对固定，根据班级具体情况适当微调。

学校每个学期都会布置固定主题的班会，主要是纪念和庆祝一些重大节日，这个时间是固定的。因不同年级学生心智发展程度不同，学习任务不同，班主任应根据三个年级的情况，从不同角度挖掘相同话题的教育意义，使具体内容相互衔接，螺旋上升，最终达成总目标，让学生感觉到高中三年的同主题班会意义不同，收获不同，体验到成长的感觉。以"教师节"班会为例，高一学生不了解高中老师，因此主题可定为"感恩·当时只道是寻常"或"走进我们的老师"。前者侧重于分享教师节回访对母校的感受，从毕业生的角度深入理解师爱；后者通过学生代表与老师聊天，了解高一老师的酸甜苦辣，引导学生理解老师工作的艰辛和快乐。高二学生进入叛逆期，容易挑剔老师，主题就可定为"理解·风格不同爱相同"，内容侧重于用善意和欣赏的角度理解不同风格的老师，不拒绝老师的关爱。高三学生压力较大，需要请老师帮助疏导，主题可定为"珍惜·最美的时光我们一起走"。话题相同，角度不同，学生的收获也就不同，但对尊师、师爱的理解逐层深入。

年级特色主题班会的主题及顺序相对稳定，这类班会由年级管委会确定主题，以解决本学段学生面临的主要任务与困惑为重点。例如，高一刚入学，可以举办"学习校史，对话精英"，通过学习校史，感受优良传统，搜集优秀校友的事迹，激发学生对学校文化的认同和对未来的美好憧憬；高一下学期面临分科，则可以举办"描绘我的梦想"职业生涯规划主题班会，指导学生理性认识自我，科学规划未来。高二时学生进入新的叛逆期，可以开设"独立与责任"主题班会，让学生懂得"独立"不仅是逆反，更在于勇于承担责任。高三下学期，开设"走出高原期"等帮助学生调整心态的班会。

各个班级在学校规定的班会和年级特色主题班会的基础上，可针对社会热点问题和班级学生特色、状况适当进行补充。这样搭建的班会课程体系既有整体性，又有灵活性；既发挥班会课的精神引领作用，又避免了脱离学情的形式主义。

形成有助于点燃、体验、思辨和行动的班会实施方案

班会课程化设计不是约束和限制，而是将有价值的主题进行统一规划，优化组合。实施过程中，必须依靠班主任发挥创造性，赋予每个主题以生活气息，引领学生关注社会，反思自我，独立思考，并改善行为习惯。例如，适逢二孩政策松动，孩子干涉父母二孩计划的新闻不断出现。在组织"独立与责任"的主题班会时，就可以渗透子女和父母的权力边界、懂得分享、学会独立等内容。各班结合本班情况、个人风格对学校和年级统一备课的内容进行微调。

另外，班会课要重点关注：寻找怎样的切入点才能适应和满足本班学生的当下需求，点燃他们的参与热情？创设怎样的活动才能让学生在积极体验中获益？如何指导学生通过理性思辨分析问题？如何促进学生知情意行和谐发展？例如，讨论友善，如果只给学生灌输道理，肯定令人生厌，班主任此时不妨联系学生的个人经历和感受，点燃其行善的良好愿望。例如，可以通过角色扮演、现场体验、情景剧等形式，让学生获得相应体验，而不是被动地听从说教；力图通过价值澄清，给学生以选择、辨析、尝试的机会，促进学生知行合一。在专家的指导下，同年级的班主任集中围绕同一主题，深入研讨实施方案的过程，也是提高班主任专业素养的方式。

建立全员参与的多元评价体系

班会课的最大受益者是学生，所以其评价权也应该交给学生。评价的标准不能限于主题突出、思想健康，关键要看学生是否在活动中获得正向激励、积极体验。评价方式可以是课后问卷调查和期末总评相结合，课后问卷调查着重于主题、形式、参与度、亮点等具体问题，期末总评是让学生评选"感触最深

的一节班会"。班主任根据评选结果回溯班会课的过程，总结归纳这节班会课受欢迎的原因。通过学生评价，班主任对学生的需求、喜好、水平有了具体直观的把握，更容易设计出有针对性的班会课。

班会课属于综合实践活动类校本课程，班主任一定要立足地域文化、生源特点、学校传统，站在课程高度进行班会课教学，建立和完善高中三年一体化班会课设计与实施，形成既有特色又有实效的德育课程体系。

第二节　班会课的内容和形式

班会课的内容应该基于学生的"需要"。"需要"包括两类：一类是学生发自内心的渴望，如"如何维持朋友关系""如何高效学习""如何调整情绪"；另一类是班主任从专业角度判断学生某方面的意识、知识、能力存在缺陷，学生可能浑然不觉，如"责任感""团队意识""奉献精神"等。组织第二类班会课时，班主任要善于创设情境使学生明白这一主题对其自身成长的重要意义，明确自己确实"需要"。班会课要从贴近学生生活的现象入手，尽量采用学生喜欢的活动方式开展，不要板着面孔说教，制造压抑气氛。班会课如果丰富多彩，既可以弥补学科学习形式单一的不足，又可以增强班会课的教育效果。

把学校任务转化为学生需要

一些学生反感班会课，是因为班会课通常是讲大道理或布置任务，形式大于内容。其实，即使是学校任务，班主任也可以将其转化为学生的需要。例如，"新中国成立75周年的辉煌历程"主题班会，班主任不应只简单地告知学生这是学校的安排，而应该从课程角度思考：学生从这节班会课中要学到什么？如何组织学生才愿意学，才能够实现学习目标？"国家"是一个宏大的概念，由一个个家庭组成，能否以"家"为切入口，小中见大呢？我之前问过一些学生是否知道爷爷、奶奶或者爸爸、妈妈的一些经历，很多学生表示一无所知，理由是学习太紧张，没空交流这些话题。班主任何不趁此机会，让学生与长辈对话，从祖孙三代变化入手，让学生感受一下75年来国家的变化呢？在这个过程中，学生需要从长辈那里获得身份认同，从历史发展的脉络中理解个体的生存境遇。在准备阶段，我让学生回忆话剧《茶馆》。该剧以裕泰大茶馆的兴衰变迁为线索，展示了从清末到抗战胜利后的近50年间北京的社会风貌和各个阶层的生活变迁，揭示了旧中国的必然灭亡和新中国诞生的必然性。然后提示学生：你也可以以家中的一件物品、一个习惯、一个角度75年来的变化来展示中国的成就。学生立刻有了兴致，回家与父母聊天，给爷爷奶奶、外公外婆打电话，增进了亲情，了解了历史，受到了爱国主义教育。把宏大主题转换为与学生生活息息相关的话题，学生才感兴趣，才能受到教育。班会课也只有降落到实体和细节上，才有丰满的血肉，才会给学生"原来是这样的"的震撼。

班会形式的不拘一格

班会课采用什么样的形式，不仅取决于内容，还取决于学情。如果班级比较"闷"，就采用让学生多发言、多互动的方式，如辩论会、小组比赛等对抗性强的活动；如果班级比较"散"，学生之间关系疏远，谨慎地保持着距离，则可以通过集体生日、信任育行等活动，让彼此有更多的协作机会；如果学生最近学习紧张，就可以通过放些搞笑视频、组织一个班级内部的体育比赛，让大家通过运动和娱乐放松心情；如果学生最近比较松懈，则可以组织励志演讲、学习心得交流等活动。总之，班会课的形式，以调整学生的心理状态，达到张弛有度的效果为目的。

实在不知如何设计班会课形式的班主任，不妨翻阅一些书籍，如《魅力班会课》《班主任心育活动设计36例》等，借鉴其中的案例，对自己的班会课加以改进，丰富班会课的形式。还可以尝试将班会课交给学生，购买一些班会活动类的书籍，供负责班会的同学翻阅，让学生根据需要，组织、改造书中的活动方案，以便取得更好的教育效果。

第三节　班会课设计

班会课应从学生的身心发展规律出发，面对学生个体和班级建设中存在的问题，以学生喜闻乐见的形式，开展丰富多彩的活动，在集体活动中实现特有的教育价值。因为班会课不以系统的学科知识为载体，而被定位为"综合实践活动"，所以在课程实施中，更应该趋向于创生型课堂：一个充满偶然性、不可预知性和神秘性的艺术化过程。但是，又因为其是课程，必然有教学目的、教学方法和预设结果，所以预设是不可缺少的，否则就成了自由活动，而非自觉的教育行为。因此，把握预设与生成的平衡是班会课成功的关键。

一　了解学情，弹性预设

对学情的精准了解和对过程的弹性预设是班会课产生良好效果的前提。对班级学情的了解不是笼统的、经验式的，而应是精确的、专业的，能从教育心理学、发展心理学的角度去解释的。尽管如此，预设也只能是多向的、弹性的，让不同个性的学生参与其中，在实施中班主任要迅速做出反应，及时发挥自己的才智或调动学生资源，并加以引导，使学生的参与转化为教育资源。了解学情不仅是了解学生的态度、信念、观念、意志、习惯等方面的特点，还包括哪些观点、哪类形式更容易被学生接受等。做预设时，班主任不能一厢情愿地认为学生的认知是片面的、肤浅的、偏激的，要善于站在他们的立场来理解他们眼中的世界。我曾听过一节班会课，班主任发现班上出现了两三对谈恋爱的学生，担心这种风气会蔓延，就准备开一节班会课。班会课由班长主持，形式为问答式，主持人在 PPT 上展示"早恋的表现有哪些""早恋有哪些危害""如何预防早恋"等问题，依次让学生讨论后回答，学生嘻嘻哈哈讨论了一会儿，主持人开始提问，学生的回答与 PPT 上的预设相反，说根本不存在早恋，都是身体发育期间对异性的关注和喜欢，属于正常现象。在谈及危害时，主持人列举了学习退步、心理失常、行为过激等表现，有学生反驳："也有两个人朝着美好未来努力而成绩进步的例子呀！你这属于不完全归纳。你怎么证明早恋导致心理问题增多呢？也有两个人相互治愈的例子呀！"主持人未与他们争辩，而是一边维持纪律，一边继续讲解 PPT 上的内容。下课后班主任离开教室，主持人看着班主任走远后，回到讲台上，做了个鬼脸，用手遮住嘴说："大家别当真！课件都是班主任做的！"这节班会课的教育效果可想而知！

为什么会这样？班主任没有研究学生对早恋的态度，也没有站在学生的角度思考这件事，不是从情感角度理解这个话题，仅仅是从"功利"角度来训诫。整节课没有针对学生面对两性关系的困惑提出解答，只是老生常谈，甚至是迂腐的说教。

甄别信息，因势利导

在创生型课堂中，师生对话不是达成预设答案的工具，而是学生表达个性化体验，教师通过观察其话语和神态判断实际需求，进而展开的双向交流活动。教师在对话中，要善于倾听、甄别学生的回答：哪些可以转化为教学内容并加以强化，哪些偏离了教学目标需要在保护学生积极性的前提下加以引导，哪些是学生心有所悟但表达不当需要重新整合的，哪些代表了多数学生的理解水平但需要深化的。总之，学生的回答往往是感性且零碎的，大多是知其然但不知其所以然，需要教师甄别其教学价值，或追问诱其深思，或引导使之豁然开朗，或点拨使之成金。

学生有自己的精神世界、价值取向和活动范围，这一切都不能用成人的价值观武断地判断与取舍，而应在教学和教学设计中受到应有的尊重。例如，在一节"如何选择自己的职业"的班会课上，老师说："要将自己的职业规划与祖国、时代乃至人类的发展结合起来。"有个特别健谈的学生说："我不同意。做什么是我个人的事情，既然三百六十行都有其存在的价值，行行都能出状元，那我选择任何一个职业都是和国家、时代结合在一起的。而且选择什么是我的自由。"班主任没有进行反驳，而是甄别学生说的这些信息，所有合法职业都合法、人有选择职业的自由，是正确的。但是，合法的职业之间的重要性是有差别的，这种差别与国际形势、发展阶段有关。比如，在战争年代，必须有人奔赴战场，而趋利避害是人的本性，如果人人都退缩，"皮之不存，毛将焉附？"再如，我国之前因为基础科学方面支持力不足，被一些国家卡脖子，如果每个人都选择变现快的金融、财会等行业，不愿学习基础学科，国家整体落后，个人也会受影响。另外，根据国家需要选择职业，将国家利益和个人利益实现高度统一，自身获得幸福感也会更强烈、更持久。

诊断错因，雪中送炭

在创生型课堂中，教师面对学生片面乃至错误的回答，不应简单否定、廉价表扬，或生拉硬拽到自己预设的轨道，而应该在倾听后及时诊断出原因，并补充背景知识，进行矫正。学生出现困惑时，教师精准把脉，予以点拨或讲解，才是尊重学生主体的重要体现。学生错误的回答，对课堂教学而言恰恰是有价值的信息，因为它反映了学生知识、方法、价值倾向上的不足，这不仅是教师教学的起点，更是教师点拨引导的重点。

而在现实的班会课教学中，班主任有时易追求片面、追求课堂的流畅和气氛的活跃，不愿在学生磕磕绊绊中耗费时间。殊不知，对症下药的点拨才是有效班会的核心要义，雪中送炭才是以学生为中心的体现。这样的班会课才是真正的精彩。

| 附 录 |

案例 1　友善：悦己怡人的生命自觉

一、总体构想

（一）教育背景

高中生正处于人格发展的关键期，既有独立判断、自主选择的需要，又容易盲从潮流、消解主流。他们渴望与人和谐相处，社会更加美好，但往往自主意识过强，担当精神不够，不善于沟通。本次活动根据埃里克森的人格发展理论，力图促进学生对当下自我、理想中的自我和他人期望中的自我统一协调，从知、情、意、行等角度进行指导，使之体验友善，如友善的动机，如何与人友善沟通，怎样将善念传递给陌生人，促进人格和谐发展。

（二）教育目标

1. 体验：友善是在善的基础上采取友好的沟通方式来对待他人；友善需要换位思考，坚持原则。

2. 认识：友善，"善"是前提，"友"是表现和延伸；了解友善的个人价值和社会价值。

3. 情感：激发学生对主动行善、与人为善的榜样的尊敬和热爱，以及主动行善的决心。

4. 行为：矫正为了融洽关系不问是非，一味顺从的"伪善"行为，指导学生敢于践行友善，学会践行友善。

（三）教育方法

体验活动、反思冥想、思辨讨论、案例分析、同伴互助。

（四）设计思路

体验友善的力量—认识友善的价值—升华行善的动机—指导友善的行为。

二、活动准备

教师：课前调查学生在与老师、家长、同伴相处过程中的困惑，并加以整理；搜集符合学生心理特点、具有当地特色的资料，制作课件。

教具：卡纸。

学生：搜集关于"友善"的事例，准备小辩论。

三、活动过程

（一）体验：友善是一种怎样的感觉

环节一：暖场游戏——快乐口香糖

活动规则：男女生各分成两组，分别围成一个圈。教师喊"口香糖"，学生问"粘什么"。教师回答要粘的部位，学生两两相配，未找到伙伴的同学出列。活动2～3次后，教师分别询问落单者和找到搭档的学生的感受。

师总结：从这个小游戏中大家能体验到，人与人之间只有保持平等友爱、融洽相处的关系，才会有归属感、安全感，这种关系就是友善。但在生活中，我们往往忽略别人的感受，表现得不够友善。

环节二：体验小居的感受

（PPT 出示）

小居从乡下初中考入省重点高中，班上同学多来自市区重点初中。他感到压力很大，连初中引以为傲的物理成绩也一落千丈，很沮丧。一些同学在他 QQ 空间里发现了他初中绯闻女友的照片和"物理小王子"的绰号，于是便把绯闻女友的照片发到了班级群，并当面称他为"物理小王子"。

问题：请尝试体验一下，小居会有什么样的感受？同学们为什么拿他开玩笑？如何避免类似情况发生？

学生活动：小组讨论，小组代表发言。

师总结：每个人都是独立的个体，但个人不可能独立解决所有问题，所以必须交流合作，必须相互理解尊重，这依赖于同理心。人们习惯从自我角度看问题和做事，而一旦互换角色，就能体会到对方的不易。因此和人相处需要"换位思考"。

环节三：回忆个人经历，感受友善待人

师：想想自己与人相处中发生的不愉快的故事，用下列句式练习"换位思考"。（PPT 出示）

当我……，我不希望……，我希望……，那么，他现在……，我应该……

学生活动：组内分享，小组代表发表体验。

（二）讨论：友善怎样才能走得更远

师：善待亲人可以和谐家庭关系，善待他人可以和谐人际关系，善待自然可以形成和谐的生态关系。人人为善，家庭和睦，社会和谐，百业兴旺，国家强盛。友善可以悦己怡人，可以温暖一个城市，甚至一个国家。（播放《最美浙江人：纪念韦思浩，用善念传递身边的温暖》）

环节一：微型辩论，提升行善动机

甲方：善有善报。

乙方：善未必有善报。

双方根据自己的立场进行辩论。

师总结：行善不是获取利益的手段，不是自我炫耀的方式，而是内心善意的自然流露，获得自我愉悦感的同时，也使社会更和谐。不求回报，自有回报。但是，生活中行善没善报，甚至遭遇恶报的事件层出不穷，让人心寒。

环节二：问题讨论，学会回应友善

（PPT 出示）

公交车上，一个小女孩腼腆地站起来，让刚上车的一位伯伯坐下，小女孩就靠在座椅的旁边站着。她似乎有什么心事，几次欲言又止。后来，在她即将要下车的那一站，她碰了碰那位伯伯的胳膊，声音很小，但让听者的心为之一怔，她说："伯伯，你怎么不说一声'谢谢'呢？我一直等了三站呢，你连对我笑都不笑一下。为什么？"旁边的人都笑了。唯独那个被让座的人不笑，眼神直直的，无动于衷。

问题：如果你是小女孩，连续遇到类似的事情，还会友善吗？友善不索要回报，但对方应该怎样回应呢？

学生讨论。

师总结：友善的言行，如同一声温柔的呼唤，需要回应。冷漠与冰凉，只会消磨友善者的美好初衷和道德激情。不要让这个世界心存疑虑，不要让友善者的心变得冰冷和疲惫。颔首致意，微笑并且感恩——这就是我们能给予友善最起码的应答。

（三）行动：从愿友善到会友善

环节一：友善不仅需要善心，还需要有效沟通

（PPT 出示）

马加爵：我跟邵的关系很好，邵还说我为人不好。我们那么多年住在一起，我真心的朋友不多，但把邵当作朋友，想不到他这样说我。我很绝望，我在云南大学一个朋友也没有……我把他当朋友，他这么说我，我就恨他。

林森浩的同学：汶川大地震发生时，他捐出 800 元（他每月的生活费仅 200 多元），是同学中捐款最多的学生之一。病人送的红包，林森浩坚决拒收。他还曾给农民工连续服务一周，从始至终都很热心。

问题：他们有哪些共同的优点和缺点？你认为他们走上犯罪道路的原因有哪些？

学生讨论。

师总结：他们有善良的一面，但因为遇到矛盾，不够宽容，不善沟通，走上了不归路。

环节二：学会有效沟通，表达友善

（PPT出示：对比鲜明的表情照片——一组发怒，一组微笑。）

问题：你从这组表情中捕捉到什么信息？哪一个更让你心情愉悦？这组对比告诉我们什么道理？

学生讨论。

师总结：微笑是一种宣示，宣示着与人疏远和尴尬已经结束，与人接近和友好的关系已经开启。微笑是一面旗帜，它表达了吾心谦和，与人为善，与你相逢真好。

环节三：模拟情境，研讨学习沟通技巧

师：沟通通常由四个频道构成——内容、情感、诉求和关系。沟通中的语言未必是最重要的，我们要透过语言捕捉对方的情感，并学会控制自己的感情。因为一旦被感情控制，沟通就可能处于失控状态。如果对方的情绪强烈，就要冷静研究双方的诉求：你们沟通是想要达到什么样的目的？达到这样的目的需要建立什么样的关系？如何建立良好的关系？关系好了就会更容易达成诉求。请用四个频道的知识，分析下面的对话。（PPT出示）

母亲：（语气温和）儿子，起床了，5:50了！

（儿子翻了个身，没动。）

母亲：（语调上扬）快起床了，6点了。（河东狮吼）起不起床啊，还上不上学啊！

儿子：你烦不烦啊，一大早就这么吵，我昨天睡得晚，眼睛睁不开，再躺会儿。不吃早饭不行啊?

母亲:睡得晚,是你安排不当,你的效率和执行力呢?我5:30就起来给你做饭,你说不吃就不吃,能懂点事儿不?哎,你还把被子蒙上,起不起床啊?

儿子:我不懂事儿?别人抄作业是快,我是自己做的,当然慢!你就是看我不顺眼!不愿做饭别做,别冤枉我!

(快迟到了,儿子快速穿衣,摔门而去,留下冒着热气的饭和泪流满面的母亲。)

师生按要求分析对话内容。
(PPT出示)

情境一: 小兰和小慧是同桌。小兰因为成绩好,自我要求严格,被选为纪律委员。她难以处理好工作与学习、友谊和原则等关系,心情很不好。小慧成绩下滑,父母总是拿她跟小兰比。看着小兰顺风顺水,小慧心里非常不爽。这不,因为小兰不小心弄翻了小慧的笔袋,两个人吵了起来……

情境二: 小刚对班上一个女生有好感,总忍不住在微信上跟她聊两句。爸爸似乎发现了迹象,开始侦察。一天早晨,小刚上完厕所出来,发现了惊人的一幕:爸爸正聚精会神地偷看自己的聊天记录,于是……

情境三: 最近班上迟到现象严重,班主任因此被领导点了名,就决定下狠心抓几个典型。恰巧,第二天小明的同伴骑车摔伤了脚,小明扶他到附近诊所上了点药,迟到了。班主任站在门口对他发了一通火,把之前迟到、违纪等旧账都翻出来,小明很委屈,于是……

学生活动:各组分别选取三个情境中的一个进行表演(表演省略号后发生的事情),然后从内容、情感、诉求、关系四个角度针对三个情境进行分析,并提出改进沟通方式的意见。

教师挑选1~2组学生当场表演冲突,并让全体学生分组讨论:如何运用教师刚才讲的方法提高沟通效果,建立或维护友善关系?

环节四：超越"圈子"，发扬友善

师：友善不应该局限于自己熟人、亲人的小圈子，应该延伸到对陌生人的关心帮助。让我们共同努力，多一些友善与温馨，少一些欺诈与冷漠，让世界更美好。

师总结：友善在微笑中开始，在友好沟通中传递，在超越"圈子"中升华。

（四）总结：友善，悦己怡人的生命自觉

师总结：不要总是认为当今社会物欲横流，道德沦丧，请记住：任何时代都是善良与邪恶并存，关键是你在哪一边增加了砝码！不要总说人微言轻，有心无力，请记住：只要你心存善念，努力行善，你的生命将更加丰盈，社会将因为你而变得更好一点。

在《爱的奉献》歌声中，学生用彩纸叠飞机，写上这节课的心得感悟，一起投掷，然后随机捡起飞机，组内分享。

积极暗示，让我们的高三更精彩

一、教学目标

1. 通过活动参与，理性认识自己的优势和劣势，明确适合的努力方向。
2. 学生学会理性分析影响自己负面情绪的因素，找到积极暗示的方法。

二、教学过程

（一）活动导入

师：我们一起来做个游戏。请问你能让自己膝盖以上的身体与地面平行吗？下面我们来亲自创造一个奇迹。

教师讲解要领，并请四位同学示范：将四张凳子摆成"十"字形状。请四位男生（示范者）上台，沿着同一方向在凳子上坐下，每人双腿并拢，小腿与地面垂直。另请四位同学（协助者）协助他们慢慢向后倒下，将背部放在后面人的大腿上，然后慢慢将他

们身下的凳子全部抽出来。示范者相互绷直,四人相互支持"悬浮"10秒。协助者将凳子放回示范者身下,扶他们坐起来,并给予热烈的掌声祝贺。

学生讨论。

师总结:如果认为"可能",就会想出办法;而认为"不能",往往是一种消极暗示。相互支持,相互帮助,让每一个人的不可能变成所有人的可能,这种相互信任其实是一种积极暗示。

(二)理解心理暗示的作用

阅读下面三则材料,分析产生相应结果的原因。(PPT 出示)

材料一: 一位匈牙利作曲家遭遇失恋打击后,悲痛欲绝,谱写了一首钢琴曲,名叫《忧郁的星期天》。这首曲子存在的 13 年里,数百人听过它后会莫名自杀。一时间,神秘的恐怖气氛笼罩着欧美。音乐真有这么大的杀伤力吗?或许音乐本身并没有这种能力,只是让人产生了消极甚至绝望的心理暗示,就如"四面楚歌"一样,这其实是利用了人们微妙的心理。

材料二: 医生对一位死囚说:"我们执行死刑的方式是使你放血而死,这是你死前对人类做的一点有益的事情。"死囚表示愿意这样做。实验在手术室里进行,死囚在一个小间里躺在床上,一只手伸到隔壁的大间。他听到隔壁的护士与医生在忙碌着,准备对他放血。护士问医生:"放血瓶准备 5 个够吗?"医生回答:"不够,这个人块头大,要准备 7 个。"护士在他的手臂上用刀尖点一下,算是开始放血,并在他手臂上方放了一根细管子,让和体温相同的水顺着手臂一滴一滴地滴进瓶子里,让死囚觉得自己的血在一滴一滴地流出。就这样滴了 3 瓶,他已经休克,滴了 5 瓶他已经死亡,死亡的症状与因放血而死一样。但实际上他一滴血也没有流。

材料三: 古战场上群雄逐鹿,铁血纷飞。儿子被征入伍,父子生离死别,泪湿衣襟。临别时,父亲拿出一把刀交给儿子,说:"这是咱们家代代相传的一把宝刀,带之可辟邪,令敌人闻风丧胆。只是千万不能将刀拔出,否则灵气便会逃走,宝刀也会成为一块废铁。"儿子身佩宝刀四处征战,所向披靡,屡立战功,最后封侯拜将。一天,这位少年将军立在阵头,英姿勃发。他突然好奇心起,取下身上所佩的宝刀,拔出一看,大吃一惊:不过是一把十分普通的刀!英勇的将军突然面如土色,大战一开始,就被敌军斩于马下。信念其实也是一种积极暗示。

学生讨论。

师总结:心理暗示可以左右个人态度、潜能发挥,甚至影响事情的结果。积极的心态能够让人无所畏惧、全力以赴、竭忠尽智,从而让事态向积极的一面发展;消极的心态则让人放弃希望、悲观绝望、身体机能下降,导致恶果。消极的心理暗示会误导一个人的判断和自信,是学习和生活的一大障碍。我们在日常生活中要多给自己一些积极的自我暗示,尽可能地避免消极的自我暗示。

(三)展示问题:认识消极情绪

师:但是多数同学做不到积极暗示,说那是鸡汤,是自我麻醉。请看课前同学们提交的消极情绪。(PPT 出示)

1. 每天作业多得让我担心做不完,拖延下去导致恶性循环,而总有同学把事情提前完成。自己很受挫,总有窥探他人学习进度的欲望,静不下心来。

2. 每天疲于应付作业,有的是没有价值的。我不愿写,却不得不写,只能敷衍,学习状态不佳。

3. 遇到繁琐的阅读和计算就烦躁,状态全无,又恨自己颓废,意志薄弱。

4. 考试遇到复杂的计算题总怕算错,就想复查,但往往复查的内容没错,反倒是简单的地方错了。

5. 自从数学考得很差之后,我就开始怀疑人生,认为所有人都比我厉害。考试时,一下笔就紧张,低级错误频出。遇到难题,手就发抖,平时做题正确率又会低很多。

6. 我以前不怎么努力就能考得很好,现在拼命学习,成绩反而下滑。我不仅怀疑自己的学习方法、效率和思维方式,更对命运产生了怀疑。

7. 上课都会的东西,或者明明看过的东西,一到考试和默写就忘了。

8. 考数学时，遇到方法明确、思路清晰，但计算量大的题目，常常算到一半感觉下面的计算更复杂，我若放弃，那么前面的努力全都白费，可能一分都没有，如果继续算，不一定算对，且要耗费很多时间，让我很纠结。

9. 考数学时，总认为前 10 道填空题一定会错一道，解析几何一定做不出来，导数分类讨论一定会错。

师：这些问题要怎么解决呢？前提是有积极思维。美国心理学家埃利斯表示：人的情绪不是由某一诱发性事件本身所引起，而是由经历了这一事件的人对这一事件的解释和评价所引起。这就是 ABC 理论的基本观点。在 ABC 理论模式中，A 是指诱发性事件；B 是指个体在遇到诱发事件之后相应而生的信念，即他对这一事件的看法、解释和评价；C 是指特定情景下，个体的情绪及行为的结果。我们有时会说："境由心造，事在人为。"

对一个事件持不同的观点、有不同的解释，会导致不同的心情和行为，进而导致不同的结果（见下表）。请同学们看看，上面这些问题哪些本质上是"学"的问题，通过改善学可以解决？

ABC 理论示例		
事　件	看　法	情绪及行为的结果
我兴冲冲地找老师讲作文，老师却说自己很忙，改天吧！	我被放弃了！	沮丧，讨厌老师，害怕作文。
	老师确实最近很忙，他这是不愿意敷衍我，因此，我准备改天再问，老师那时会更耐心地给我讲解。	我先自己琢磨一下，准备几个有价值的问题，一起问。

（四）学以致用，攻克消极情绪

师：如果解释为"学"的问题，就可以通过平时的努力来解决；如果解释为"考"的问题，就会联系到"发挥""运气"等偶然因素上，显得无能为力。塞利格曼把人格分为"乐观型解释风格"和"悲观型解释风格",当遇挫后,前者会认为失败是由外部原因引起的,是特定的、暂时性事件,仅限于此时此地;后者则会将个人失败归咎于长期的、普遍的、内在的原因,认为它会对自己要做的其他事有影响。面对成功,前者会归功于内在原因(如聪明、勤奋、善于思考),于是更加努力;后者则会归功于偶然的、暂时的、侥幸的原因。

下面我们用"乐观型解释风格"解释一下,上述问题哪些是"学"的问题,哪些是"考"的问题。对于"考"方面的问题,我们该怎么解释?

预设:前三个是"学"的问题,第4~8个表面上是"考"的问题,实际上也是"学"的问题。只有解释为"学"的问题,才会揭下其神秘的面纱,通过平时努力来改变。

学生分组讨论:如何解释?如何行动?

预设:奇迹来源于超常的努力,绝不是运气。和自己比努力,却和别人比成绩,比的标准是不对的。高三大家都比过去努力多了,我们现在不应该怀疑自己的智商,而应该优化学习策略,如过度记忆、反复提取、精细加工、整合复习。平时做题时要咬紧牙关,积累成功体验。不能精力不集中,边做边听音乐,不能认为方法会了就看答案。

师:如何看待自己的问题呢? 20世纪初,有一个少年梦想成为帕格尼尼那样的小提琴演奏家。他一有空就练琴。可是连他的父母都觉得他拉得实在太蹩脚了。有一天,少年去请教一位老琴师。老琴师说:"孩子,你先拉一支曲子给我听听。"少年拉了帕格尼尼24首练习曲中的第三首,不出意外,简直破绽百出。一曲终了,老琴师说:"孩子,你为什么特别喜欢拉小提琴?"少年说:"我想成为像帕格尼尼那样伟大的小提琴家。"老琴师又问道:"你拉琴快乐吗?"少年回答:"我非常快乐。"老琴师把少年带到自己的花园里,对他说:"孩子,你非常快乐,这说明你已经成功了,又何必非要成为像帕格尼尼那样伟大的小提琴演奏家不可呢?你看,世界上有两种花,一种能结果,一种不能结果,不能结果的花更加美丽,如玫瑰、郁金香,它们在开放,虽说没有明确的目的,但这样就够了。"老琴师的一番话,让少年恍然大悟。在后来的日子里,少年心头的那团狂热之火慢慢冷静下来,他仍然拉小提琴,但不再受困于成为帕格尼尼的梦想。这位少年就是后来名震天下的物理学家爱因斯坦。

在学习中，是苛求最高还是表现最好，直接影响到我们的心理状态。做到自己认为最好的，未必是"最高结果"，竭尽全力的自我表现和发挥出最佳状态才是"最高结果"。平静而理性地面对自己的得与失、长与短、成与败，确立合乎自身实际情况的理想、抱负、目标，才能维持积极的情绪，克服和转化消极情绪，从而接受自己，悦纳自己，塑造出一个自如的自己、独特的自己、最好的自己。

（五）让积极暗示成为一种习惯

师：弗洛伊德把心理分为意识和潜意识两大部分。我们一天中90%的行为是由潜意识操纵的，只有10%是由意识操纵的。目前发现控制潜意识的最佳方式，就是通过"自我暗示"的方法。如果常常给自己积极的自我暗示，那么就能在潜意识这片沃土里创造出达成愿望的强烈信念，而强烈的信念能发挥出无穷的力量。

现在用积极的句式给自己写个自我暗示吧。（PPT出示）

我可以＿＿＿＿＿＿＿＿＿＿＿＿＿＿＿＿＿＿＿＿＿＿＿＿＿＿＿＿＿，

我还有＿＿＿＿＿＿＿＿＿＿＿＿＿＿＿＿＿＿＿＿＿＿＿＿＿＿＿＿＿，

我一定能够＿＿＿＿＿＿＿＿＿＿＿＿＿＿＿＿＿＿＿＿＿＿＿＿＿。

凡事都要主动，被动不会有任何结果。

我可以把我的全部思想用来做我想要做的事，而不留半点思维空间给那些胡思乱想的念头。

没有失败，只有＿＿＿＿＿＿＿＿＿＿＿＿＿＿＿＿＿＿＿＿＿＿＿＿。

早晨写一句话：今天，我＿＿＿＿＿＿比昨天（上次）好多了。

师：不要总是给自己这样的提醒："昨天我有20个单词没有背下来""这类题我总是找不到解题思路"等。越是这样，担心的事情越容易发生，所以，聪明人应该避免用失败的教训来提醒自己，而应该多用一些积极的暗示，如"多背几遍我就能记住了""这次知道错在哪里，下次做这类数学题的时候就有经验了"等。积极的暗示和指导，比起强调负面结果，效果会好很多。

自我心理暗示不仅仅是以上直接的潜意识的沟通，还包括很多行为习惯方面的因素，尤其是一些细节。比如，走路时挺胸抬头，会觉得自己很有精神；出门的时候照照镜子，整理好仪表，会对自身形象有一个积极的评价；学习的时候整理好桌面，摆放好物品，能让自己感到很从容，很有条理；说话的时候清晰大方，能让自己感到自信、沉稳……这些看似微不足道的做法，其实都会不知不觉影响一个人的精神风貌。

（六）做自我暗示的主宰

师总结：别人的暗示本身绝对没有影响你的力量，只有当你沉湎于别人暗示给你的想法之中，也只有当你在心中同意它们时，别人的暗示才可能有力量。因此，最重要的是你的想法，你怎样想完全取决于你自己。我们有选择的能力，应该选择正面的暗示，保持积极的心态，学会为自己喝彩，多给自己一些激励与信心。经常重复一种思想会产生信念，进而变得坚定不移。如果我们不断地接受同一个暗示，这个暗示就会深深地扎根在我们的潜意识中，推动我们的行为。

今天希望大家在课堂中能有所得。要实现梦想，达成目标，需要反复给予自己积极暗示。当你的积极暗示形成习惯，融入血液里，那么你就会成为一个永不绝望、永远自信的人，一个真正的强者！

第 五 讲

培养学生的善意

第一节 班级管理要致力于激发人性之善

立德树人是教育的根本任务。其中的"德"基于人性之善，并通过善行表现。善在工作中体现为职业道德，在家庭中体现为家庭美德，在公众生活中体现为社会公德。德鲁克管理学的核心就是激发人性的善意和潜能。用什么激发？制度和文化。好的制度能够激发人性之善，坏的制度能够激发人性之恶。

很多班主任在班级管理中会于不经意间释放人性之恶。例如，查不出违纪学生，就命令每人把"嫌疑人"写在纸条上。这招表面好使，却埋下诸多隐患：鼓励相互揭发，会引发学生间相互猜忌，破坏团结；如果诬陷他人，会造成"冤假错案"。再如，完全通过投票来选举"三好学生"，有可能助长拉帮结派、私拉选票、"劣币淘汰良币"等不良风气的形成。而激发人性之善的制度，就是靠制度淡化学生之间的竞争关系，尽量消除不能提升总体效益的零和竞争，即不要让学生感觉到自己不优秀是因为同学更优秀，而是让学生切身体会到因为周围人优秀，自己"如入芝兰之室，久而不闻其香，即与之化矣"。

除了减少班内竞争，我从不鼓励学生相互举报，更是明令禁止打小报告的行为。

小陈和小卞是舍友。小卞每天 6:30 就到教室自习，小陈却踩着铃声上课，课上还经常打瞌睡。我怀疑他晚上玩手机，但没有证据。询问他时，他信誓旦旦地说没带手机。某日早读，我在男生宿舍发现一个正在充电的手机，拍照发到"家校合作群"里请家长认领，小陈妈妈承认了。我问小陈："你知道我为什么能精准地找到手机吗？"他说："您推理出来的。"我说："为什么不怀疑有人告密？"他说："小卞不可能出卖我。"就这样，手机被家长领走。两个月后，我发现小陈又开始整天犯困，第二天起床铃一响，我走进宿舍，发现手机就放在小陈的枕边。可以想象，他晚上是伴随着玩手机入眠的。我对他说："凭你的智商，如果好好学，成绩肯定不会这样。你难道不想想为什么我会百发百中地抓到你用手机？"小陈说："您推理能力太强了！""你难道不怀疑是你室友告密吗？"我再次问。他认真地说："不可能。他可以当面提醒我，但绝不会告密。"同学之间的信任程度可见一斑。

  激发人性之善归根结底需要制度的保证。我也从不公布学生的班级排名和班级均分，所有评优评先、成绩进退都依照年级名次。因为班内竞争属于非零和竞争，即使所有人都努力，仍然有一半的人在后退。如果按照年级名次来评选，学生就会意识到，周围同学的成绩进退与自己的进退几乎没关系，他们作为自身学习环境的一部分，是队友，不是对手。大家齐努力，都可以在年级中取得更好的成绩。我告诉学生，年级名次只是自我评估、自我激励的参照，年级中优秀的学生为他们提供了追赶的对象和学习的榜样。全省有很多这样的高手，如果自己身边没有，就会沦为井底之蛙，沾沾自喜，自我松懈。所以，每个人都要感谢周围优秀的同学。

第二节　善意从关心身边的人开始

学生作文中素材"撞车"的现象非常严重。素材之所以匮乏，不仅是因为学生的生活匮乏，更是由于学生的感觉钝化——感受不到善意或将别人的善意视为理所当然。这样，也就难以与人为善。班主任要引导学生发现别人的善意、身边的善行。

每天一大早，年级管理员苗老师总是站在楼梯口，对着上楼的学生微笑，中气十足地问好。学生或回应，或漠然，或尴尬地走开。我班教室离楼梯口仅十来米，所以我常看到苗老师风雨无阻地重复这一动作。我明白，他是在有意识地教育学生懂文明、讲礼貌。想起他数年如一日地辛勤付出，我很感动。一天，我请班上同学停止朗读，侧脸看向窗外，让同学们想一想：苗老师为什么要站在那里跟学生打招呼？

有学生说："可能发现我们没礼貌，怕直接批评会伤大家自尊心，就言传身教，善意提醒。"有学生说："苗老师和我打招呼时，我先是一惊，没反应过来，就向老师微笑了一下，顿时觉得彼此关系近了很多！回想起来，小时候见了老师老远就问好，也很愉快。上了高中以后，反而不好意思了，见老师都是能躲就躲。经苗老师一提醒，我才感觉自己太失礼了，以后一定改正。"

我问："他这样做有功利性目的吗？想提拔？有奖金？他是个校工，没有升职空间。50多岁了，常年这么满腔热忱地工作，图什么呢？"

有学生说："苗老师不是当一天和尚撞一天钟，而是把平凡的工作做出了滋味。他有境界、有情怀。就像一个故事里讲的，三个工人都在砌墙，一个说我在砌墙，另一个说我在盖一座大厦，第三个说我正在建设一个美丽的城市。胸襟不同，境界也就不同。苗老师就是那第三个人，怀着崇高理想，做好最平凡的事。"

我总结道："所以哪怕是最平凡的工作，如果你带着最大的善意，竭尽所能地做，也可以大有作为。"

在这件事上，学生们感受到老师的善意、敬业，体现了高尚的人格。

我经常发现，下课后学生会围着各科老师问问题，问完就离开了。学科老师从开始上课到结束，有可能一站就是个把小时。我看到后就会帮老师搬一把椅子。每次都是我搬，学生们却无动于衷。后来我忍不住在班上提醒："老师上完课，饿着肚子给你们讲题，你们想过连续站两个小时有多累吗？如果能递一把椅子，不仅让老师感到温暖，你们自己的心情也会愉悦呀！大家想过没有，老师为什么自己不去找椅子？因为她专注于讲题，忘了疲倦，也没想到你们后续还有'车轮大战'。我给老师搬椅子，是友爱；你们搬，是尊师。我希望你们眼中除了有'知识'、有自己，还有别人。"从此之后，学生请教问题时都会先给老师备一把椅子。一开始总是女生去搬，后来我就提醒男生，要绅士一些，看到女生搬重物要接应。提醒的次数多了，学生也变得懂事了。有一次英语老师答疑时间太长了，一个女生怕她误了吃饭，便到食堂买了一份热腾腾的打卤面，送了过来。英语老师第二天见到我，赞不绝口："你们班孩子真贴心，再苦再累也值得！"

语文课上，我也会引导学生感恩老师，如教师节，给初中、小学老师写一封信。后来我把一些优秀作品放在我的公众号上，其中一篇还引发了强烈反响。

那段时光　那个人
——写给凌老师的一封信

敬爱的凌老师：

不知不觉，我离开母校已有大半个学期了。新年将至，忆起与您相处的时光，甚是想念。我猜您一定不知道，初一刚进校时，我们早已听过您的名号——您以严格的要求,"狠辣"的手段闻名全校。传说中,您从未有收服不了的学生。惶惶中,"凌奶奶"的称号因此而生。

现在回想起来,传闻总带着些夸张的色彩,但当时足以让我闻风丧胆。当我得知初三您要接手我们班时,震惊夹杂着畏惧顺着脊梁骨猛地一蹿,心中狂风骤雨顿起。可了解一个人怎能光靠他人之言?您之所以在学生中有如此大的影响力,是您那股认真劲儿,是您对学生的关照,更是您对自己的严格要求。

我自打出生似乎就缺少研习数学的那份灵光,眼瞅着初三了,父母急得不行,我却仍在数学中处处碰壁。

这时您出现了。您将我带到办公室,和其他几个数学一样不行的同学一起,每日下午给我们补习数学。补习的时光总是漫长的。安静的办公室只有刷刷声此起彼伏。不算简单的题总叫人写得抓耳挠腮,更让人胆战心惊的是,您总会逐个面批,看到错题立刻讲解。每当我紧张地盯着正接受审阅的试卷时,总会有几道错题跑来使我血压飙升。您抬头嗔怪:"这基础题怎么还能错?你个不省心的熊孩子!"然后拍拍我的肩,从试卷下抽出草稿纸,红笔凌厉地奔走,如同干净利落的舞蹈,伴随着一句句言简意赅的解析,逻辑清晰、思路新颖,每次讲解都如同一次精神上的享受。

久而久之,我还是受益匪浅。当同学们惊讶于我如突然开窍般的进步时,我不知是应赞叹老师您的能力之强还是悲叹每日补习之苦了。

这样的日子持续了几个月,每天的补习也渐渐成了一种习惯。谁知突然有一天,您没来为我们上课,由其他老师来代课。几日后,您终于回来了。您的"新造型"却让我们震惊——黄白的纱布包裹着骨折的小腿。您拄着拐杖进门,像什么都没发生那样继续上课。我本还窃喜这样的光景补习怕是要停了,谁知下课时您在班中扫视一圈,似乎看穿了我们几个的小心思,说道:"你们几个,老时间来补习!"于是,您用小凳子架着伤腿,我们坐在您的办公桌边。每日的补习就在您的坚持下照常开展着,您的话语依旧如机关枪一样有力,解题方法依旧叫人钦佩,但我注意到,每当我们低头写题时,您总会吃力地拍打着麻掉的大腿,手捂着眼擦汗。

那时,我突然想起化学老师上课时的一句感慨:"你们凌老师,明明可以请病假在家,偏偏要每天赶来为你们上课,真是不容易!"其实,您已对这样的感慨做过回复了:"我要是回家躺着了,谁来给你们上课啊?你们的中考怎么办?只有坚持给你们上课,你们才有更大的机会去到更好的学校,得到更好的发展啊!"您说这话时脸上带着自信而温暖的笑容,让我顿时充满干劲,不自主地也想笑,泪水却润湿了眼眶。若是没有您的付出,我的数学成绩或许会一直平平无奇,现在也不可能考上心仪的高中。只可惜上次返校时间有些晚,未能与您见面。请允许我以书信的方式,表达感谢!您与我相处的那段时光,将永远留在我的心中,照亮那一片记忆的海。

高二下学期结束,有一部分老师就不再教我们班,我总是提醒学生写点东西感谢一下陪伴他们走过一段旅程的老师们,让学生们意识到,人走,茶未凉,情义在。学生们纷纷给老师写了自己想说的话。

致毛菲菲老师:

一年多的陪伴,她的模样已深深刻在了我的脑海。起初,我的化学很不好,但菲菲姐从来没有差别对待——她总是对每个人都充满信心。或许她的心里当时也是着急的,但她没有将自己的情绪转化成压力,加重学生身上的负担。她只是竭尽自己所能为同学们答疑解惑,了解每个人的学习方法,再给予适当的补充与修改建议。她能理性地对待每一次考试结果,并从来不忘给我们加油助威。

致常虹老师:

我与常虹老师的缘分在高一就结下了。还记得当时带教的老师离开时对我们说:"以后来教你们的是个大美女哦!"等人来了一看,确实是。但常虹老师身上真正吸引我的是她端庄却不失平易、温柔还略带俏皮的气质。

自我认识常虹老师以来,我从未见过她在班上发一次火,说过一句重话。

无论我们是考差了还是考好了，她给我们的永远都是鼓励和提醒。当我们反复做错那一道她曾经给我们讲过无数遍的题目时，她总是会笑嗔一句："哎呀，你们怎么又错了呀。"然后便耐心、细致地为我们再讲一遍。她总是那么顾及别人的感受，对学生就像一位亲切的大姐姐。她的温柔来源于她对学生的尊重和疼爱，有谁能永远不生气呢？但是她愿意为我们压抑自己的情绪，永远在我们面前展现她最好的一面。

致谭林老师：

可以说，谭林老师是我见过最负责任的老师了。他在课下默默地为我们寻找区域图，为我们搜集可能会考到的政策资料，为我们一个字一个字地敲复习提纲，就连春节都不忘在春晚中搜寻地理考点。但他为我们呕心沥血的目的不仅仅是一份漂亮的高考地理成绩单，他希望教给我们的知识能成为我们的一种地理素养，让我们终身受益。所以，他的课也并不全是枯燥的考点，还有他外出旅游的经历和一张张载着他笑脸的照片。他是真的热爱地理教学，不然何以每天一大早就从江宁赶来陪我们早自习？何以每日到深夜还不厌其烦地在QQ群里为我们答疑？

致周武老师：

我遇到的历史老师大多都是幽默的，但是能像周武老师幽默得如此"清新脱俗"，还真没有。他总是能将那些难懂难记的考点包装成"开心果"，将书上那几句话，乃至几个字扩展成一段生动搞笑的故事。他总是能以讲八卦的语气给我们讲述那些"不可言说""不可描述"的历史真相。他的课总是那样天马行空，吸引着我们的注意力，倏忽又跳脱了课本，穿越几千年去领略真正的历史。所以，虽然我们的进度一开始比别的班慢，但同学们都不想改变这样的课堂方式。

第三节　为同伴喝彩

　　班内同学不是竞争关系，而是伙伴关系。这一点我不但在班级里口头强调过，还专门写过文章。为了真正实现这一愿望，我从来不公布学生的班级排名，即使是一对一发给学生的期末成绩条上，也不出现班级排名。

　　2020年，一位网友看过我发在公众号上的一些文章后，很有感触，便给我发来一封信，信中写道：

　　张老师，您好。不好意思，这么晚还给您写信，但连着看了您那么多篇文章，感触很深。我是2019届的毕业生，也是南京2万多名考生中的一员，但我和南师附中的天之骄子不一样，我的高中不是很理想，或者说比较差。我初中的同桌就是您班上的一位学生，我目睹了他在初中期间的腾飞——从初一的默默无闻到年级前列。

　　我把他作为我的竞争对手，可我们的距离越来越远，最后中考我们相差整整80分。看了您的文章，我发现了自己的问题，原来我出现了"恶性竞争"的问题，从中我体会到，学习环境是关键，同学应该是战友而不是敌人。初中时我的历史成绩一直很好，而且学得很轻松，但我并没有把方法分享给别人，盲目的竞争让我格外想证明自己，加上紧张，最终导致中考名落孙山。现在想想，也是有些自作自受吧。

　　……

看完来信后，我的感受很深，便回了一封信：

同学，你好！读完来信，深感你是一个勇于自我审视并渴望坦诚交流的人，很感动。一个敢于真诚面对真实内心的人，是可敬的。现在就你提到的几个问题，谈谈个人看法。

南师附中的学生不是天之骄子，中考的程序正义大于筛选功能，失利并不意味着被上天抛弃，"黑马"也不意味着上天会永远眷顾。没必要为任何一次考试的失利耿耿于怀，人生的路很长，你这样真诚且坦荡的人，一定会越来越优秀。

南师附中不是一个光环和标签，也不仅仅是把学生送上更高平台的阶梯，她的意义在于让学生以更开阔的视野看待社会与人生。从这个角度而言，你与南师附中擦肩而过，有些遗憾。南师附中不强调竞争，很少宣传高考、竞赛成绩，更很少用商业宣传的方式运作，不做给别人看，而是做好自己；不是以碾压别人为荣，而是以与人和谐共生为乐。当你与整个世界为敌时，处处都是冷箭；当你善待他人时，朋友多了，路也就好走了。南师附中也有诸多不足，但在充斥着喧嚣、焦虑的大环境中保持安静从容，努力让学校像个学校，这一点是难能可贵的。

……

至于你提到的分享，我一直为我的学生感到自豪。高二时9班的成绩不太好，一位同学便每周把亲手整理的英语知识点印发给全班，一些数学成绩好的同学会主动给大家分享学习方法和经典题目。每次考试之后，同学们会自己组织学习交流会，主讲同学做的PPT精致有趣，让同学们笑得前仰后合，大家既收获满满，又营造了轻松和谐的氛围。为什么会这样呢？因为班内从不张贴成绩，我告诉他们，高考是全省竞争，高手不在南京，只有大家共同提高，水涨船高，你才会在不知不觉中成为高手。另外，班级不存在阶层固化。你的那位同桌凭着聪明、努力考过年级前5，但也经常在中下游徘徊。在起起伏伏中心灵的弹性就被抻出来了，你追我赶中自己到底有多大潜能、适合做什么也就明白了。

……

第五讲　培养学生的善意

学习是快乐的事，是自己的事，是一辈子的事，这是我常挂在嘴边的话。同学，本就是共同学习的人。为什么要共同学习？一是可以使师资等资源最大化利用，二是可以克服"独学而无友，则孤陋而寡闻"的弊端。

为了避免恶性竞争，我除了不公布班级排名、不比较同学间的成绩、组建学习小组、组织成绩好的同学分享学习体会，还将学生写得好的随笔、作文集结成册，强化这种友情。例如，我在2012年将当时在扬州中学带的高一5班学生在上学期写的文章编成一本书，题目叫《六分之一光阴里的你我他》，团支书印曼曼写了一篇文章《看得见摸得着的回忆》作为序言。下面是该文的部分内容：

缘分这双无形大手将我们聚合，聚成了这个可爱的集体——扬州中学2012级5班。五楼五班吾做主，这一年我们十六七岁，总有那么些遐想，那么些迷茫，那么些思考，那么些难以忘怀的点点滴滴。《六分之一光阴里的你我他》就是我们在共同度过的第一个六分之一的时光里迸发出的思想火花，留下的心灵轨迹。

刘亮程曾怅惘故园消失，记忆不在，再也找不到"今生今世的证据"。今日乃明日之昨日。我们不愿忘记高中那些年、那个班、那些人，于是文字如流水般从笔端倾泻，于是诞生了这本书。Ta是我们思想的血肉，我们的孩子。

这本书分为"快乐大五班""是世之末""天马行空""指点江山""窗前札记""花事了""生活大爆炸""文海拾贝""老班神侃"九个部分。

……

初读这本书，目光时时被或精妙或清丽的语言吸引，牢牢粘在字句之上。再读时被作者们的细腻情感折服……热爱生命、感恩父母、关爱动物……如花妙笔借生活小事揭示了一个又一个深奥的主题。壮哉我大五班！

有了这本书，五楼五班的你我他一定不会失掉"高中三年的证据"。几十年后，只要进入那些文字，青春年少不更事的种种，全都会浮上心头。这是一本看得见摸得着的回忆。

每次集体活动结束，我都会引导学生总结一下伙伴之间的闪光点，让善心、善行能够凸显出来，让大家感到温暖，让付出的人得到回报。即使是高三最后一次运动会，我也没有省掉这样的总结。因为，在温暖的团队中，大家会减少内耗，学得开心，效率高。下面是运动会后一位同学的发言稿：

生命中最迷人的模样莫过于奔跑

历届校运会中，我在800米比赛中得过第六，参加4×100米拿过金牌，因为"休克"叫过救护车，也自不量力地玩过跳高……往昔的兴奋与懊恼历历在目，但这唯一一次没有项目的高三运动会却给了我最强烈的内心震撼，或许是因为这两天内发生了太多令我热血沸腾或感伤动容的事情。

周五上午的女子800米是参赛人数最少的项目了——11人争夺前8名，其中就有我们班身材最小的小婷。回想暑假补课的十几天里，由于运动量较小，我常常去操场跑两圈再回家舒舒服服地冲个澡，简直是莫大的享受。我到操场时，常常看见小婷在跑；我跑完到一边压腿时，小婷还在跑；我选择在操场西侧大楼的阴影里往返跑，小婷还在绕着太阳曝晒的整个操场跑。一起回家的路上，她笑着说："我涂了防晒霜。"我问她究竟跑了多少圈，她用很平淡的语气说："7圈啊，但还是没减多少。"我不禁连连赞叹，向她竖起大拇指。

发令枪响，小婷一直落后于几个又高又瘦的女孩子。对于最好的成绩都比别人慢了近半分钟的小婷来说，自己显然不是对手，但她一直紧紧跟在大部队之后，寻找任何一个可能反超的机会。大约600米过后，奇迹出现了，那几个本身身体素质较好但疏于锻炼的女生渐渐体力不支，速度放慢了，而平时练习远超过800米的小婷仍能以原速前进，保留了实力用于在最后的50米中奋力冲刺。只见她接连超过了一个、两个、三个、四个领先于她的参赛者。9班沸腾了，在看台上齐声喊着："小婷，加油！"我被这场绝地反击惊得全然控制不住呐喊和尖叫。最后小婷那小小的身影疲倦却又潇洒地冲过终点线，她获得了第六！比她曾经的最好成绩快了29秒之多。在看台上同学们的掌声和惊叹之中，我知道，是那一个个炎炎夏日中为了减肥而不懈的努力成就了她今天的收获。如此依赖于天赋的体育尚有"勤能补拙"之明显成效，何况学习呢？

下午的男子1500米又是一场持久而又惊心动魄的拉锯战。夺冠热门选手小罗和我们班的小卜如愿同场竞技，一决高下。前者曾是高一时的金牌获得者，后者是高二时的得主，最后一场斗争究竟鹿死谁手，颇让人期待。比赛刚开始，两人就一马当先，与其他选手拉开了距离。一个不高偏瘦的男生一开始想紧跟他俩的步伐，不到一圈就无奈放弃了。开始的两圈，小罗自信领跑，小卜紧随其后，第三圈刚过弯道，小卜一个加速实现完美反超。凝神屏息的9班同学在看台上瞬间爆出一阵阵惊呼，"反超了！反超了！"后排几个男生激动地大声呼喊。可领先优势不到100米，小罗在弯道前再次加速又把小卜置于身后。"唉！"耳边传来一阵叹息。

只要比赛没有结束，一切皆有可能。只见赛场上的两人保持一前一后一个身位的距离。又过了一圈，在第四圈靠近看台的一侧，小卜趁小罗稍稍减速，又一次变道加速，但小罗一发现身旁有人超越又立刻恢复原速，不给小卜一点反超的机会。如此试探了两次，小卜都未能成功，其体能必然也在这变速奔跑中遭到了极大的损耗。最后一圈，裁判员老师在终点线处竖起食指提示运动员仅剩最后一圈。从小卜的跑步姿势可以看出，他的体力已明显跟不上刚才速度的消耗，此时的小罗又稍稍加速拉开了两人的距离，最终小卜遗憾地将银牌收入囊中。听4班的同学说，小罗为了赢回高二失去的金牌，暑假一直在努力备战，每天绕城跑上几公里。最可怕的事，莫过于比你厉害、比你有天赋的人还比你更努力。

除了胜利者值得我们仰望，那些实力不突出但坚持不放弃的选手也同样值得我们尊敬。高二第二组男子1500米，有两个男生从起跑开始就肩并肩慢悠悠地跑着。他们被别人甩在后面，丝毫没有要追赶的意思。直到最后100米，我们开始猜测谁会冲刺超过另一个，但他们仍旧淡淡定定、安安静静地肩并肩抵达终点线，赛场内外为他们响起了掌声。我起初为这样的行为诧异，后来才明白，或许他们不在乎名次，他们也清楚自己的水平，所以他们只是想共同以坚持的姿态完成挑战。或许这样一种不与人争但也绝不服输的气度在任何竞争中都不失为生活的智慧。

  10月20日的周六可以说是心情起伏极大的一天——最为激烈的100米短跑在这天上午拉开帷幕。我们年级女生中唯一的体育特长生休学一年,高二时的第一名因是艺术特长生,为了保护嗓子而未报名,另一位种子选手也因身体不适无奈选择退赛。在如此天时地利的条件下,女子100米预赛中,悦辰以0.3秒的巨大优势入选决赛名单,可以预见,这枚闪闪发光的金牌被悦辰收入囊中几乎是板上钉钉的事情了。然而,最大的不幸便是期待与渴望在即将为你所有时被命运一个无情的玩笑而夺走,正所谓"祸兮福所倚,福兮祸所伏。"悦辰的起跑不算理想,加速阶段落后于欣辰和另一位女生小李——我差点将悦辰姐妹俩弄错。中程的爆发力,悦辰展现出明显的优势,稳固了第一的位置。看台上的同学拼尽全力为她们加油,沙哑的声音也全然挡不住他们高涨的热情。我能感受到欢呼声在空气中凝结,就等待着悦辰冲破终点线的那一刻爆发。突然,加油助威声戛然而止,同学们都停下了手中的事注目着跑道。就在离终点线10米不到的位置,意外发生了!悦辰由于身体失去协调跌倒在地。一切的一切,都仿佛在这一秒凝固。待所有人冲过终点线,悦辰勉强站了起来,走过终点。看着她坐倒在终点线,用袖子埋住脸,拭去泪珠,我不得不仰面朝天,才能让眼泪不轻易落下。刚才的一切都是真实的,悦辰失去了唯一也是最后一次获得100米冠军的机会。

  欣辰扶着悦辰,悦辰按着与跑道摩擦脱了皮的膝盖回到看台上。欣辰带着哭腔责怪妹妹:"你都已经是第一了,就差那么一点到终点了,你还加速,干什么要加速啊!"无意中听到后,我实在忍不住在眼眶中打转的泪水了,再激烈残酷的比赛也撕不断友谊和亲情的纽带。悦辰为这一天等了太久,她太努力也太迫切了,她值得冠军的奖杯,她值得英雄的荣耀。

  下午颁过奖后,小李独自走到我们班把金牌交到悦辰手上,悦辰再三推托后还是把奖牌还给了她。这一枚小小的奖牌不是简单的谦让,它承载了竞争背后的温情。愿拼,服输,绿茵场上的对手,赛后,是真情相待的朋友。

已经许久没有像运动会这两天这样激动过了，唯一有点遗憾的是自己没能为班级出份力。小时候我曾特别向往一块运动会的金牌，我觉得那是至高无上的荣誉，后来姑且算实现了一半。如今，在高中阶段的最后一次运动会上，我终于明白，我一直以来梦想的，不是冲破终点线的瞬间荣耀，而是释放生命本真，追求那永不言弃、奋勇向前的运动精神！

生命最迷人的模样，莫过于奔跑。

文中提到的那位身材矮小的运动员小婷，也在赛后写下了如下随笔：

长这么大从来没有跑进过3分40秒。矮矮胖胖的我，在巨大的"座位贷"的压力下，也报名了艰苦的800米。将近一个月的每日操场报到，我看见了每个人为运动会付出的巨大努力——从前"场可罗雀"，如今人满为患。短跑、长跑应有尽有；高一高二的同学一遍遍放着小音箱，练习着武术、健身操；主席台前总有班级在排演、调整入场式……我看见小朱和小卜一次次跑着1500米，不断思考怎么提高成绩；看到欣辰、悦辰在不断跑步、计时、调整起跑姿势；看到露露在晚上继续练习200米……当然，还有许多我没有看到的。十月的风，实在是不暖和，高三的负担，也实在是不轻，但没有人抱怨，没有人放弃，每一份成绩背后都是大量时间的投入和无数努力的付出。

友爱，互相帮助，也是我学到的。在训练时，没有谁把谁当成对手，仇视对方，老死不相往来，而是交流经验，相互鼓励、安慰，共同进步。我从未参加过运动会，也从来不知道800米的起点在哪里，终点又在哪里。于是小怡告诉我应该在哪里起跑，又该在哪里变道，还带着我一起练习；彤彤也帮助我一起练习，在我焦虑时安慰我，分享她从前参加800米的心情。在开始比赛前，每个人都是紧张的，却不会愁眉苦脸，我们11个人虽然互相不太认识，但是也聊天、开开玩笑，互相鼓励，给对方打气。比赛结束了，我们拥抱着，衷心地给予祝贺和鼓励……这种和乐的气氛，是我享受的；这种温情，比名次更加重要。

高中最后一次运动会，我想感谢很多人。

倘若没记错的话，志愿者申报时间在九月份早就结束了，但仍有许多同学渴望投身志愿服务，渴望以自己的方式参与运动会——无关分数，无关利益。因为选择了志愿服务，他们承担了更多的责任，也牺牲了很多——他们无法参加竞技项目，无法一直坐下来观看比赛，无法及时地为运动员加油助威，甚至无法出现在班级的镜头中。他们默默地坚守着自己的岗位，忠实地履行着自己的职责：小亚早早地统计好人数，排好稿子顺序，有条不紊地向广播站交送稿件；小涵一整天都坐在小塑料凳上，读通讯稿读到嗓子冒烟；小珺在操场中央忙碌着，递接力棒，维持秩序，协助每一场比赛的准备；小何、小黄早早地来到运动场，端着相机记录下每一个精彩的瞬间，一直忙碌到天黑……他们无声地维持着运动会的秩序，是每个人都应该感谢的"小蜜蜂"。

如果问我为什么在最后50米还能冲刺，我可能要好好想想。在平时训练的时候，我到最后100米一定是双腿瘫软，行动缓慢，几乎是爬过终点的。但在赛场上，在每一个弯道，我都可以听到"加油"。我不知道他们是谁，或许是我的同学，或许是老师，或许只是陌生人，但我感谢每一个给予我鼓励的人。在最后50米，在我仍然处于倒数第二的位置时，在结局似乎已经确定时，我听见了同学们的加油声。既然没有人放弃我，我也没理由放弃自己。老师、同学的支持和鼓励，正是我超越自己极限的动力。当我全力冲过终点后，我转头，看见了穿着红马甲小小的小珺眼眶里竟盈满了泪水。

感谢为了运动会做出努力的每一个人！高三9班，我们是最棒的！

同学之间善意的呼应，营造了一种相互欣赏、相互感激的氛围，所有人都享受着这种融洽的友情。即使成绩落后，甚至犯了一点小错误，同班同学仍然要关心，不能墙倒众人推，看别人笑话。

第四节　关注身边的那些平凡人

我希望我的学生都能成为社会栋梁。栋梁的作用是引领社会进步，而不是碾压别人，甚至作威作福。我经常跟学生讲，每个人都应该让世界因"我"而变得更好一点。能力大，就造福一方；能力小，就温暖身边的人。一个人只有跟周围的人建立积极联系，才会真正幸福；如果只把别人当成工具，自己也会活得无趣。为此，除了通过班会课、团课，让学生理解百姓的疾苦，我还通过公众号引导学生甚至外校、外地的学生尊重校园里那些普通劳动者。下面这篇文章，我写于 2024 年 4 月 6 日，发布后，阅读量达到了 4 万多。

附中最普通的人

和学生同读上海译文出版社出版的《金蔷薇》，读到第 225 页：

> 我打算在这本书中为我认识的几个最普通的人立传，他们都是籍籍无名的人，从未引起过注意，但是实际上，并不比那些受人爱戴的名人差到哪儿去。他们不过是命运不济罢了，所以身后也无从给后人留下哪怕一丝痕迹。他们大都是一些视名利如粪土的苦行僧式的人物，整个心灵都为某种热烈的爱好吞没了。

我忽然想到工作在南师附中的那些最普通的人，似乎没人为他们立传。是呀，有人名噪一时，并非德才出众，而是风云际会；有人默默无闻，也并非愚钝懒惰，而是时运不济。这些最普通的人，却能够兴高采烈地生活、工作，服务并感染着周围的人，尤为可贵。

她是一位50多岁的食堂阿姨，手脚利落，算账清楚，声音清脆，笑容灿烂。食堂、前后门、教室、办公楼，随处都可以看到她那矮小却麻利的身影。有人说，她什么活都抢着干！因为多劳多得。她家庭负担重，干劲也大。

她来自苏北农村，有一对双胞胎儿子。多年前其中的一个考到南师附中，她就来陪读。现在两个儿子一个在国外名校读博，一个自北大博士毕业后成为高校教师。她的伙伴们说她要挣钱在北京买房呢。她笑着说："哎哟！我才不发那个愁。让他们靠自己吧。指望着我挣的这仨瓜俩枣，还不得到猴年马月。"我向她求教家庭教育经验，她说："我是文盲，没上过几天学，孩子有出息，都是遇到了好老师！"我说："您别谦虚！同样一批老师教，你儿子优秀，肯定是智商高且家教好！"她说："我根本不懂，就是感谢老师。"我说："您至少不帮倒忙呀！改天请您给家长们介绍经验！"她说："哎哟！老师，你就别打趣我了，我还介绍经验！经验就一条：我们不懂，就相信老师、尊重老师！"

我想，这一条就足够了，但很多人却做不到。一次放学后，看到她在自行车库跟儿子视频聊天，她跟我打招呼。我问她能看看她儿子吗？她把手机递给我：非常帅气的一个小伙子，带着浓浓的书卷气。

我们都知道，在北京，一个刚刚毕业、只身奋斗的"小青椒"，生存压力也很大。当妈妈的压力自然也不小，但她总是笑眯眯地穿梭在校园里，活跃在食堂里，开心而努力地工作和生活。不抱怨，也不炫耀。我想，双胞胎博士的成长难道与妈妈没有关系吗？

前几天一个学生跟我讲，妈妈告诉他，将来找对象一定要看对方家庭。我提醒，家庭中父母的人品和价值观更为重要。

再说说两个门卫。一个是50多岁的阿姨，个子不高，每天6点不到就上岗了。看到老师进门，她总是主动打招呼，不卑也不亢。她似乎认得全校所有的老师，哪怕是刚来的新教师，她也知道姓氏和任教的学科。一天早晨，我看到她跑到门口一辆轿车前提醒：学校有规定，不能在校门口停车。对方毫不理睬，一个孩子一脸漠然地下车，她再次提醒，车主说了一通难听的。她尴尬地退回门岗。看到我进来，叹气道："没办法！没办法！咱也不是交警，没有执法权。这些人咋就不考虑一下这样做对孩子的影响呢？"我说："您一定受了不少委屈吧！"她说："谈不上委屈，这是我的职责。他们不高兴，我下次还要提醒！"我说："好在老师、学生素质高。"她说："这个要看人。个别学生骑车直接往里闯，你拦他，他还说些难听的！没办法，家教比学校教育更重要！你们老师教这样的孩子也不容易！"

另外一个门卫，40来岁，微胖，每次遇到，他总是老远就打招呼："老师，还不回家！辛苦了！"有时候学生在门口等家长来接，他还帮着做心理疏导。有一次，我无意中听到他在评价国外几所著名大学的特色。不知道是他本身知识就渊博，还是在和学生的聊天中拓展了视野，反正我觉得他很厉害。

还有一位年级管理员，几十年如一日，勤勤恳恳地看自习、查纪律。五年前，一位家长激动地给我打电话，说："听女儿说你们年级的'副校长'特别认真，天天在教室外面转。"我愕然，学校没有主管年级的副校长呀？他描述了一下这位"副校长"的特征，我在脑海里逐一搜索，还是想不起是谁。家长说："他一连几天都站在楼梯口，声音洪亮地跟学生打招呼：'早！'"我恍然大悟，原来家长说的是这位年级管理员。第二天，我兴奋地跟他讲这件事，他乐呵呵地说："你就是拿我开玩笑！为了让学生早晨开心一点儿，并且养成见老师打招呼的习惯，我一直这么做。"我问他这是不是上级的安排，他说："不是，就是觉得应该这样做。"他在工作之余，还喜欢写草书。记得某一届学生毕业时，他用废弃纸张做了很多小本子，每个本子上写几句鼓励和祝福的话。我说："全年级600多人，你得忙多久呀！"他说："跟学生在一起三年，算是个纪念。"

最近学校请家长报名参加职业宣讲，我班上迟迟没人报名。有的家长说怕违反意识形态；有的说自己的成就不大，怕给孩子丢人。我当时想，完全可以请校工来讲，让孩子们懂得，不是每个人都有机会获得世俗的成功，但每个人都可以做一个尽职尽责的好人；只要在自己的行业上能够本本分分、开开心心地劳动，就是有用的人。请他们讲，还可以让学生关注、理解、尊敬这些为自己付出的人。我们每个人都是平凡的人，即使曾经辉煌，也终将归于平凡；即使伟大，也是从平凡中一步步走来。一位老前辈曾经说过：看一所学校学生素质如何，一个指标就是看看他们怎么对待保洁、门卫等普通劳动者。我深以为然。为此，我曾经花了一个早晨，在门口统计跟门卫打招呼的学生比例。

南师附中作为一所百年名校，蕴藏着丰富的教育资源。每一位默默无闻的教职工、每个学生都在用行动擦拭着这块招牌。要想把这块招牌擦得更亮，必须让每一个人愿意且积极主动地去擦。

写这篇文章时，初三孩子的家长们正陆陆续续地来提交材料。南师附中没有竭尽全力搞招生宣传，因为每一个师生尽力把分内的事情做到极致，就是最好的宣传！

《金蔷薇》中写道：

> 他是一个严肃、善良、闲不住的人。他认为各种行业都同样可敬，因为所有职业都是为人民的事业服务的，都能够使人有机会表明自己是"这个美好世界上的一个有用的人"。

南师附中那些最普通的人，包括普通的老师、普通的教工、普通的学生，的确值得好好写一写。

在这篇文章中，我强调了一个朴素的观念：评价一个人不是看其贫富贵贱，而是看他是不是坚守个人美德、职业道德、社会公德。

学生汤宁读了我的这篇文章，也写了一篇随笔。

他们的名字，我们的答案

> 他是一个严肃、善良、闲不住的人。他认为各种行业都同样可敬，因为所有职业都是为人民的事业服务的，都能够使人有机会表明自己是"这个美好世界上的一个有用的人"。
>
> ——《金蔷薇》

"你们在南师附中三年，能不能记住三位校工的姓氏？"

我应当会永远记得军训的礼堂里落在我头顶上的凉风，也许就是因为王栋生老师的这句话，和那个极冷的夏天的夜晚一样，给我带来脊背发凉的感觉。我没有怀疑我是否能做到，但我的确发现，初中三年，我曾激动地聆听送饭的箱子与地面的摩擦声，围观两位打扫卫生的阿姨吵架，但真的未尝注意过她们是谁。

大概是一年前，B站上发布了一则视频，叫作《南师附中：他们的名字，我们的答案》。这部历时三年多拍摄的微电影，真的很难用几个词或是一种感觉概括。也正是重看这则视频，使我萌生了写他们的想法。

也许是从打辩论赛开始，我常在晚自习期间结束训练回家，也常在周末携带大量资料进入校园，因而认识了门卫郭师傅。我记得自己多次问过他的姓名，他只是微笑着说"免贵姓郭"。我便称他为郭师傅。我记得第一次结束训练回家时，郭师傅在门口拦下我，问我的班级姓名，让我拨通卢老师的电话亲自同他确认，然后把我送出校门，一直看到我指出家人的车辆，拉开车门，才转身离开。我想同他挥手，却只看见他的背影消失在保安室内。校门一点一点地关上了，发出"吱啦"的响声，在晚上9点出头、安静的夜色里分外清晰。此后几次，我们渐渐熟悉起来。每当看见我独自一人走来，他都会询问我们的训练是否结束，还有几名同学还未出门，然后叮嘱我一路注意安全，和我挥手告别。一直到世界杯快结束的时候，我们的问答已接近寒暄，他叮嘱我早点休息，我向他道声"师傅辛苦"。

郭师傅是丝毫没有豪横气的，声音听起来很平和，没有什么波澜。但当他用例行公事的语气对我说"早点休息"时，偏就有一种"明明买了礼物却嘴硬说路上捡的"反差萌，有一种让人想哭又哭不出来的感觉，又有点像狗尾巴草轻碰鼻尖的感觉。有一次校内模拟赛结束，我同一位高三学长一起出门，郭师傅喊着他的名字问他今天怎么出来这么早，问他家长在不在家。后来我才知道，他们晚上训练结束后会在这里等家长。郭师傅几乎能叫出所有在沉沉夜幕中等家长的同学的名字。昏黄的路灯下，这也许是一种安全感。

"爱吃小球球"大概是我对金逸师傅的第一印象。那是在慈善义演结束后的一个夜晚，我在门卫室等家长的时候，听见对讲机里传来某处灯没关你去关一下之类的话。只见金师傅叼着"小球球"就冲了出去，顺手又拿走一个，边跑边撕包装纸。所谓"小球球"，大概是一种冰淇淋。关于金师傅的回忆，大多是极为逗笑的。记得我和小任在寒假的某一天夜晚出校门，就看着校门紧闭，金师傅趴在桌上睡得正香。在经历近五分钟的唤醒服务后，金师傅仍无动于衷，其中包括用力拍他面前的窗户，那声音大到我俩都无法忍受，最后也不知道他是如何醒的。但我很清楚地记得，开门的声音惊起了树上的一群麻雀。

我最早结识的大约是汤东方师傅，那是我在中考完来南师附中咨询的时候。大概是因为我与他同姓，而且论外貌他应该是标准的赣闽原住民，我当时对他的印象很深。汤师傅跑起来是和老家人的姿态一模一样的——耸肩、外八字，但出奇地快；步子不大，但步频极快。汤师傅的笑容好像永远用不尽，我每次看到他的时候，他总是灿烂地笑着，嘴都快咧到耳根子了，似乎是他一人占有了全体门卫师傅的笑容。

写到这里可以说，我似乎已经完成了王栋生老师交给我们的任务。上面可以说是一篇没有结尾的随笔。因为我实在不明白该用什么词概括他们之于"我"，和"我"之于他们。直到看到清明节时张老师发在公众号中的文章，也许我应该把这些感受写下来。

我时常想，他们的名字凭什么会成为我们的答案，而我们又应该给出什么样的答案。仅仅是三位校工的姓氏？

第五讲　培养学生的善意

这个命题也许不仅是"我们该如何看待他们",更应该是"我们应该如何成为他们,如何慰劳自己"。

每种职业都有自己的意义,每个奋斗的人都值得尊敬,这种俗滥的宏大叙事我想不必多言。其实,我们中大多数人的一生也会像那些校工一样,除了同事和少许几个朋友,兴许不会有多少外人知道我们的名字,我们注定会在沉默中度过一生。所谓年少的宏图大志、扬名四海,于大多数人而言,都将归于虚无。在一个说话有人听、发牢骚有人安慰、可以在表白墙上发表惊天言论、与几位"同道之友"谈论中国之未来的年纪,我们是断然不愿承认我们中大部分都会成为沉默的大多数,而这并不代表,我们不需要这个问题。

我们眼中的他们,或许就是几十年后他人眼中你我的预演。在人极度缺乏存在感的时候,当然渴望有一个善良的人看见他为了改变这个做出的微乎其微的努力,并以"您贵姓"的方式告诉他,"您的所作所为在我心中留下了印痕"。这与其说是在教我善良,不如说是使我相信,即使我微茫如蝼蚁,总会存在一个善良的人知道我做了什么;使我相信,我们可以在时代宏大叙事的倾轧下与生活相濡以沫;使我相信相信的力量,哪怕前途茫茫。

或者说,一个真正的人,是不用他人说"您贵姓"的,那其实源于他对自己的目标和希望足够信任,对自己的价值和品性足够笃定,而也只有对善的足够信任,才能使他不致沦为铁石心肠的恶人。然而我们当然不能要求所有人都如此强大,所以这也是为什么在沉默的日子里也要相信有光。

我相信,无论我有没有写下胖胖的郭师傅、有些喜感的金师傅和极有喜感的汤师傅,是否认识全校的校工,对他们实际的生活质量都不会有实质性的改变,最多只是为他们的每天提供了有限的情绪价值。我们的所作所为,其实是一种自我救赎。

当代人的心理需求被极大地忽视了。为了完成社会公认的圆满目标,我们日夜兼程;为了更快抵达,我们放下了情感,这种情感是不打感情牌,而是释放与停下的可能,就像我们说"为人民服务"时,几乎不会有人想到,我们口口声声喊的"人民"也包括我们身边的张师傅、李师傅,而我们,却不愿为他们的努力驻足、看见他们的需要。所以，如果要说这一问题的第三层意义，就是引发你看见人们被忽视的情感需求，而当有一天你有能力改变时，请别忘了。

"长大后，我就成了你。"他们的名字从来不该成为我们的答案，我们没有资格让一个人的努力与情感成为自己的答卷，这反而是对这一命题的曲解，是对人的矮化、异化和符号化。他们有他们的人生、他们的故事，他们不为任何人而活。也许这个命题最好的答案就是，我看见他们的努力，听见他们的苦衷，我心中怀有永恒的善。如果可以，做一些实质性的改变。

我可不可以说，这关乎宏大时代下人的生存。

"大学之道，在明明德，在亲民，在止于至善。"可见，完善自我、提升道德品质，是中国传统教育的重要宗旨。亚里士多德认为，善即是人实现了他作为一个人的功能，而人类的善是与德行相一致的灵魂活动。既然教育的宗旨是立德树人，班级管理就不能止步于维持纪律、督促学习，而应该致力于激发和弘扬人性之善。这就要求班主任不仅具备善的动机，还要采用有助于呵护培育善意的手段。"胡萝卜＋大棒"的管理方式不适用于班级管理。因为前者是利诱、培养人的贪欲，后者是威吓，强化人的怯懦，两种方法即使表面有效，并不能促使学生自觉地行善。

第 六 讲

如何挖掘学生的学习潜能

第一节　过去不等于未来

　　文化学习是教育中的一项重要内容。随着社会对人才要求不断提高,培养调动学生学习积极性、指导学生优化学习策略成为班主任的重要工作。如果校内不得力,家长就会求助校外,从而增加家庭的经济负担,这对低收入家庭孩子更加不利。

　　有些班主任喜欢用成绩单来了解学生。优点是直观便捷,缺点是容易先入为主,形成偏见。成绩不能完全反应一个人的学习态度、习惯、智力、资源的差异。班主任不能简单地将成绩作为评估学生未来可能性的标准,更不能忽视数字背后那个活生生的人。我每次接新班,都会首先声明:忘掉过去的成绩!今天开始大家站在崭新的起跑线上了。随后当众撕毁成绩单。

　　我警惕先入为主的偏见源于儿时的一段伤心经历。小学五年级时,我的成绩在中游,同桌是第二名。学珠算时,我俩经常比赛。数学老师总是表扬同桌聪明。我俩速度相同时,她说我偷看;我更快、更准时,她说我误打误撞。我在背后没少吐槽老师偏心。初中之后,我成绩远超那位同桌,但童年的阴影却总是挥之不去。假如当初我稍微脆弱一点,就可能因被打击而自我怀疑,甚至自暴自弃了。

　　因为自身的这段经历,我特别警惕以当下成绩评判学生,而是尽力全面了解学生,寻找唤醒他的时机和方法,充分挖掘其潜力。当众撕毁成绩单意在提醒学生:过去不等于未来,未来取决于当下的努力。教育的主要功能不是筛选优胜者，淘汰失败者，而是让每一个学生发现自身的亮点，勇敢地创造美好未来。

引导学生正确归因

小魏高一成绩不理想，一直闷闷不乐。我默默地寻找鼓励她的契机。一次，学校安排我为一位名师写先进事迹材料，有个细节不知如何处理，我就请她帮忙。经她润色，那位老师的形象跃然纸上！我由衷地赞美她，她略带骄傲地笑道："我语文一直很好，就是数学不行。"不久，期中考试，她数学果然不及格。她丝毫不难过，说："习惯了，从幼儿园开始老师就说我数学差。我妈也经常这样说。"

这是一种消极暗示：反正自己成绩差，努力也无效，干脆不努力了，成绩自然不会理想；成绩差又反过来验证了之前的判断，构成一个能够自洽的循环。要想让她振作起来，关键是转变她的消极暗示。

竞选班干部时，为了避免同一职位竞选人票数相同，同时也测一下学生的知识面，我突发奇想，把行政能力测验给所有候选人做，小魏竟然得了第四名。终于找到一个大大的闪光点，我认真地告诉她："文科生最怕行测中的数学题。有人说，这类题刷再多也没用，就是拼智商。看来你的数理思维强。这类题都是权威专家研制的，肯定比幼儿园老师更权威吧？"她笑嘻嘻地说："我运气好，蒙的全对。"然而，我能感觉到她内心的得意。通过一次次不失时机的鼓励，她信心大增，成绩进步明显。

成绩是过去努力的回报，不是当下懒惰的理由。班主任要善于从优秀学生身上找勤奋因素，从勤奋的学生身上找聪明因素。

晚读课，小王没有读书，而是拿着一张写得密密麻麻的纸，嘴里不停地嘟囔着。我凑近一看，原来他把最近所学的文言文全部默写了一遍，行间空隙中写着重点字词的解释，并用红笔做了修订——他在用心背诵修订的内容。所有知识一网打尽，比捧着课本漫无目的地看，效率高多了！在同学眼中，他是一个聪明的孩子,因为他的存在,一些曾经的佼佼者开始怀疑智商了。我拿起小王整理的材料,向全班展示,强调这位学生默写用时之久,词语解释之认真,修改之仔细,这要下多大功夫!然后让学生猜猜是谁的。当我说是小王时,全班震撼了!为什么别人记得牢,成绩好?因为他勤于动笔,主动查漏补缺。不是因为聪明才勤奋,而是因为勤奋才显得聪明。事实上,主动、认真、高效地学习本身就是聪明!

每次大考试之后,我都请各学科成绩优秀的学生讲"怎么想""怎么学"。学生逐渐意识到,聪明源于勤奋,勤奋就是聪明,更加重视探索适合自己的学习策略。

帮助学生发现自己的潜能

成绩落后的原因大概有三种:语言思维和数理思维差,方法和习惯不好,动力不足。多元智能理论认为,智力不是一种而是一组能力,智力不是以整合的方式存在,而是以相互独立的方式存在。每种成分因社会对它的需要、奖赏及其对社会的作用不同而具有不同的价值。纸笔测验中起作用的主要是语言和数学逻辑两种智能,空间智能、交际智能、音乐智能等试卷难以测出的能力也应得到尊重。所有正常人都或多或少拥有这些技能,只是在水平和组合方式上存在不同。班主任应先根据学生擅长的学科和学习习惯推测其哪方面的智能更有优势,然后鼓励学生迁移到相近学科。例如,对于语文成绩优异而英语较差的学生,班主任要告诉他,两门学科都是语言智能在发挥作用,只要努力,英语肯定能行。同样,物理成绩优异而数学表现平平的学生,也可以认为其没有将数学逻辑智能充分挖掘出来。

班主任不但要擅长从学习和活动的细节中发现学生的潜能,帮其树立学习相关学科的信心,还要善于发现与考试关系不大的智能,鼓励学生发挥自己的特长,活出人生的精彩。

学业水平测试过后,学校组织外出研学。路上,学生们都现了"原形":相机、平板电脑、手机、扑克牌纷纷亮相，好像要将平时的压抑尽情宣泄出来。在导游的引领下，大家轮流表演节目。我才发现：小杨竟然会唱京剧，字正腔圆，一扫平时的羞涩；小谢"打掼蛋"沉着冷静，深藏不露，后发制人，将一位成绩优秀的学生气得不打了。最让我惊讶的是小峰，他成绩中游，双语较差，平时少言寡语。一路上，不断听到别人叫："又被小峰'骗'了！""老奸巨猾！"原来他们在玩游戏。

我忽然想起，学业水平测试之前，小峰还在研究篆刻。他爸爸曾说，他没有明确的目标，有些"小富即安，小进即满"的状态。加上小时候生过大病，家长对他的要求也不高；小学在乡下读书，基础差。综合这些信息可见：小峰的兴趣广泛，好奇心强，但缺少生命的责任感和主动成长的自觉性，既无强烈的成功体验，又无雄心壮志；家长认为学习太辛苦，怕伤身体，有些溺爱。我想，我应该先做他爸爸的工作，让小峰真正努力一个月。只要成绩有所突破，唤起他的成就感，他就可能越战越勇。

刚下大巴，我就给小峰爸爸打电话表示要家访。"怎么了？"小峰爸爸有些紧张，"孩子犯了什么错？"我说："一般我不家访，但您儿子绝对是个人才，我要让他更上一层楼。人才不仅属于家庭，也属于整个社会，我想和您联手把这块'璞玉'打磨成连城之璧。之前跟您交流过几次，效果都不佳，但这次在旅途中的见闻，让我确信他智商超常，所以我必须要跟您再交流一次。"

小峰爸爸立刻兴冲冲地跑到学校找我。他说，虽然自家孩子从小就被认为聪明，但没想到我会对他评价这么高。我对小峰爸爸说："担心身体，并不是降低学习期望的理由，玩电脑游戏同样动脑子，消耗精力，以他旺盛的求知欲，学习可以变成愉快的体验。至于英语，基础不是关键，钟道隆大学时学的俄语，英语基础极差，他45岁自学英语，一年后成翻译，关键看是不是真心想学，能否找到合适的方法。25岁之前是决定人生高度的奠基期，当孩子不够理性时，家长一定要做好参谋。小峰的智商不亚于小志（年级第一），只要树立远大抱负，发奋图强，定可以一飞冲天。"

后来，我又和小峰谈过几次，每次都盛赞他的天赋，提高其自我期望，并在课堂教学中把比较有难度的问题交给他，适当点拨，引导他说出正确答案。当他感觉到自己是压后阵的大将，自我胜任的概念更加积极，学习劲头也就越来越足。

几天后，小峰爸爸告诉我，小峰每天 6 点起来背英语。一个月后，他的成绩由年级 200 多名进步到年级前 70 名。我趁热打铁，请英语老师帮他补一下知识上的弱项，半年后，他的英语成绩和总成绩稳居班级前列了，最后被南京大学录取。

引导学生用优势智能关联弱势学科

有个学生数理思维强，数学经常考 140 以上，但双语不行，常常为记性不好而苦恼。我就跟他分享自己的学习经历。我的记性也差，上小学时，老师要求背巴金的《海上日出》，我背了一天也背不熟。上初中后，我想考中专，很多东西必须记，就用逻辑来弥补记忆力的不足。例如，背《从百草园到三味书屋》中那段写景的话，我就会先研究这段话有几层：前面"不必说""也不必说"意在突出"单是周围的短短的泥墙根一带"，强调百草园处处趣味无穷。"不必说"是从低到高，为方便记忆，我还把"菜畦"等由文字还原为形象，想象它们的位置和形态；"也不必说"则是由高到低，并用"叫天子"贯通高低。"泥墙根一带"，先写动物，再写植物。写动物时，略写常见的油蛉、蟋蟀、蜈蚣，详写罕见而奇特的"斑蝥"；写植物时，写了木莲、何首乌、覆盆子，写何首乌时有充满童趣的动作描写，之所以后写"覆盆子"，是因为获得它需"不怕刺"，难度大。经过精细加工，背起来就简单多了。

后来，参加自考需要背诵大量古诗词，我同样是把需要记忆的内容再次加工，寻找其内在逻辑关联。例如，背古诗，先分层，梳理脉络，研究这样构思的原因和妙处。于是，记忆力差的劣势反而成了优势。因为，机械记忆能力强的人，即使不理解、不梳理脉络，也能背得滚瓜烂熟，但遇到解词、翻译、鉴赏就蒙了；而我为了背过，时刻在翻译、鉴赏，反而学得更透彻，考试得心应手。

有学生擅长空间想象，我就提示他通过画图辅助记忆；有学生擅长数学证明题，我就预言他议论文写作能力强，因为做证明题和写议论文是一件事，都是从已知条件开始，找依据，推导，让假设得到确认。区别仅在于，数学是用数字、符号，写作是用文字。擅长推理的人，只要积累足够的素材和语言，作文一定能写得好，这样就帮助理科生对作文充满信心！经过一年的努力，几位偏科学生的成绩大幅度上升，最终也都考上了名校。

人的智力结构存在差异，在学习方式上自然不同。同样是背书，有人喜欢高声诵读，有人习惯用手势来比划，有人喜欢抄下关键词甚至用图画辅助记忆，也有人喜欢默记。这些，我都尊重。只要效率高，任何方法都可以尝试，都值得鼓励。

另外，班主任也要给学生的其他智能以充分展示的机会，培养学生获得自信。例如，在合唱节、戏剧节、运动会、联欢会等活动中，班主任要善于发现学生身上的不同智能。不能仅仅将这些活动作为集体争光的手段，等活动结束了，就说："好好学习吧！"而应该由衷地赞叹，鼓励学生将特长与学习结合起来，如小雨舞蹈跳得特别好，我就跟她说："真羡慕你有这个特长，学习累了，跳一会儿，既愉悦身心，又锻炼身体，学习效率也会上来。"

第二节　改变自我概念

自我概念是一个人对自身存在的体验。它包括一个人通过经验、反省和他人的反馈，逐步加深的自我认知。自我概念具有自我引导的作用，如果认为自己具备某方面的潜力、天赋，就会努力使自己的表现与这种潜力、天赋相一致。例如，一个自以为擅长数学的学生，如果语文考得差，会觉得自己的水平本就如此，不会难过；如果数学考差了，就会非常难过。所以自我概念积极的学生，成就动机、学习投入及成绩明显优于自我概念消极的学生。

自我概念影响人对其自身或他人行为的解释。同一件事，自我概念不同的人，对它的解释是不同的。例如，小李和小刘的成绩都进入上游，长期处于年级中游的小李，会欣喜若狂、信心倍增；而成绩稳定在年级前列的小刘，则会难以接受，在短暂沮丧后，奋起直追。可见，个人感受不仅取决于成绩本身，更取决于他的抱负水平以及对该成绩的解释。

自我概念决定着自我期待。自我概念积极的学生，自我期望值高，认为好成绩理所当然。自我概念消极的学生，当取得差成绩时，也认为是意料之中，偶尔考个好成绩，却喜出望外。而差的成绩又加强了他消极的自我概念，形成恶性循环。消极的自我概念会因信心不足而降低目标，不愿全力以赴，在潜意识中准备接受消极的后果。从"反正我不行"到确认"我果然不行"，逐渐丧失信心与兴趣，降低"理想自我"的标准并与"现实自我"妥协，保持着低层次的自我一致性。故自我概念影响着自我期待，影响着信念、决心和行动、专注度、彻底性，具有预言自我实现的作用。

自我概念影响着自我归因。韦纳的自我归因论认为，动机并非个人性格，动机只是刺激与行为之间的中介。每当个人处理过一件刺激事件后，个人将根据自己所体会到的成败经验，并参照自己所了解的一切，对自己的行为后果提出六方面的归因解释，这就是：能力、努力、工作难度、运气、身心状况、别人反应。归因取向将影响个人以后再从事类似工作时动机的高低。一个人具有积极的自我概念，相信个人努力，将成败归因于努力程度、细心或疏忽，就会承担责任，其结果是面对新任务时会加倍努力。

班主任可从以下几方面帮助学生形成积极的自我概念。

1. 以转变自我概念纠正偏科。

补救偏科的传统办法无非三种：补课、增时、优化策略。这些都无法改变动力不足的问题。其实，很多学生偏科的根源，是认为自己即使再努力也学不好。

学生小宁数理化稳居班级前三名，语文却是倒数。数学课上他特别活跃，老师刚把题目列出来，就能报出答案，其他同学都很羡慕，甚至建议他数学课上不准发言，因为他一发言，老师会认为全班人都懂了，不再细讲。但这种表现欲在语文课上却从未有过。

一次他的语文成绩又不及格，我帮他逐题分析，发现他名句背不过、基础知识没掌握。我问他为什么不努力，他气急败坏地说："努力也没用！我恨语文！我从小语文就差，想尽办法都无济于事，中考就是因为语文分低，变成了择校生。我恨它！"我知道他直率、自信，就顺势将他一军："你不是恨它，而是怕它！如果恨它，你会证明你比它强大！你现在是屡次被虐，内心恐惧，对不对？"他嘴上否认着，但是声音明显小了。

我说："一个理科真正好的人，文科一定不差。苏步青小时候能背诵《唐诗三百首》；数学天才周涛读的文学作品比文科生还要多；丘成桐熟读古文，写得一手好文章。你绝非天赋差。天赋差，表现为读书多，写得多，成绩却很差。你恰恰相反，你很有天赋，却因胆怯和懒惰，浪费了它。"他吃惊地问："你怎么觉得我在语文上有天赋?"我找出他作文中的一段话,说:"你的观点鲜明,善于概念解析和分类分析,然后推理得出结论,不像有些同学只会堆砌名言和事例,不会说理。"他被夸得有些不好意思,说:"但我语言差,想不起事例来。"我说:"这是勤奋与否的问题,不是天赋的问题。只要你愿意积累,这个问题半年就可以解决。你没有卖力气,让潜力永远潜在水底,不能冒出水面。"我通过改变他的自我概念,将其优点放大,使之相信自己在语文上是有天赋的,从而改变学习态度。之后,我还经常让他回答一些思维难度较大的问题,当众表扬,并和他约定:作业必须认真完成,上课笔记要全部掌握,基础知识必须牢固掌握。一个多月后,他的语文成绩超过班级均分7分。我隆重地表扬了他:"有人说,语文需要慢慢积累,但积累绝不是干等着时间来赐予,而是每时每刻都在输入和内化,时间长了,自有收获。像小宁同学这种语文天赋突出,一个月提升十几分的毕竟是少数。即使如他,语文成绩要想稳定在前列,也需要长时间努力。"

小宁逐渐相信自己在语文上也拥有天赋,开始主动找我讲评作文,随时记录生活感想,读书也更认真了。一年后,他的语文成绩也稳定在班级前列了。

2. 利用成功经验提高自我期待。

多年前,小武的妈妈离婚再嫁,小武和爸爸相依为命。爸爸老实忠厚,痛心于自己没文化、收入低而遭前妻嫌弃,把所有希望都寄托在小武身上。小武迷恋篮球,特别在意别人的看法,热情、开朗中又透着自卑。他乐于助人,但也特别关注同学之间的八卦。据他爸爸说,他常常晚上玩手机,看青春小说,学习很不认真。

爸爸和姑妈因为管不了小武,曾到学校向我求助,当着我的面威胁孩子:"如果不想上学,趁早找个工作算了。"但这都无济于事。从他看父亲的眼神中,我读出了不屑和鄙夷,我问他玩的这款智能手机是从哪里来的?他说是妈妈买的。我说:"看来,你妈妈还是很爱你的!"他突然抬起头,说:"当然。"我从询问妈妈如何关心他入手,打开了他的话匣子。从谈话中我能感觉到,小武妈妈的新家庭日子过得很红火,于是经常给他买玩具、零食,甚至愿意给他掏钱补课,从不责备他。他渴望母爱，又觉得爸爸混得很差，还整天对他唠唠叨叨，翻来覆去就是那几句话，很反感！

我问："妈妈有可能把你接过去同住吗？"他说："没可能，因为她又结婚生子了。"我又问："爸爸妈妈哪个更爱你，为你付出更多？"他说："这不好说。"我说："你爸爸虽然工作普通，但有固定收入，有房子，如果当初不是心疼你，也可以重组家庭。你承认不？"他眼睛湿润了，哽咽着说："是的，我爸怕我被虐待，就拒绝相亲，说一定要送我考大学！"我说："你是一个明事理的好孩子，应该知道，你爸爸虽然没文化、没地位，但他是个有担当的男人，勤勤恳恳。他没文化，未必是他不努力。要知道，那个年代升学有很多偶然因素，不像现在，分数高就能上好学校。你不能用爸爸给你创造的条件和爸爸当时比，而应该最大限度地挖掘自身潜力，长本事，有出息，不留遗憾！如果你跟爸爸较劲，不努力，将来你的孩子如果说'你在名校读高中，连大学都考不上，有什么资格管我'时，你怎么回答？"他不吭声，过了一会儿说："老师，我努力！不让自己后悔。"

随着了解的深入，我发现他有些"讨好型人格"，妄自菲薄，唯唯诺诺。必须给他创造成功的机会，于是我鼓励他竞选劳动委员。他干得很努力，不仅收获了自信，还得到同学们的认可，成绩也略有进步。

学校发放助学金，我决定帮小武申请。当看到表格上写着"成绩优异"时，他说："老师，我不优异，没有资格获得。"我说："你说这话，可见你不见钱眼开，不唯利是图。你这样的人，以后必成大器！其实你相对于过去、相对多数同龄人还是优异的。如果觉得自己名不副实，就要加倍努力了！"他答应了，从此更加刻苦，期末的成绩从年级600多名进步到年级300名。我请他在家长会上发言，他又推辞说："我没资格发言，这次纯属偶然。"我说："你表面上是谦虚，实则是没信心！只努力了半学期进步就这么大，应该以此为契机，勇往直前，不能畏首畏尾。相信你会有更大的进步！"后来他在家长会上的发言很精彩，让很多后进生看到了希望。

一次，小武的语文考得非常好，我请120分以上的同学站起来，他低着头，犹犹豫豫地站了起来。我能看到，当他坐下时眼中闪着自信的光芒。一次作文，我觉得他的开头写得特别好，中间虽然平庸，但是胜在条理清晰，就给了一个高分。讲评时，我在课件上打出他的名字，并请他到讲台上把前两段读一下。他迟疑了一下，然后走上讲台，很有感情地读起来。

我不断地运用"皮格马利翁效应"给他积极的期待，让他感到自己的潜力巨大。他的自信心越来越强了！

当我得知年级第二的小文是他初中同班同学时，就找机会问他是否认识小文。他说是自己的初中同学。我问："当时她比你学习怎么样？"小武诚恳地说："比我好一点，我偶尔也会超过她。"我说："人们都说，越到高年级，男生的理科优势越明显。我虽不认同，但男生至少不会差吧！为什么小文能超越全年级所有男生呢？"他说："不清楚。"我又帮他分析："你和小文所在的初中师资薄弱，学风一般，升学率低，当时，你们的潜力没有完全发挥出来，但是你们的成绩不是靠机械刷题刷出来的，你们都学得主动、学得灵活，到了高中，优势就显示出来了。她能够考年级第二，你也有潜力进前十，你缺少了什么？"小武咬咬牙说："老师，我知道了，我缺少信心和努力。之前，我就嘲笑她用功。她为了防止上课睡觉，困了就吃芥末。到了高中，环境宽松了，我松懈了，感觉来自'草校'，低人一等，但她还保持着这股劲，所以她能进步！"我说："你能看到别人的优点，自我反思，这意味着你还有很大的进步空间！"

后来，小武顺利考取重点大学。硕士毕业后，在一家互联网公司工作，现在也有了幸福的家庭。

给自卑者、自我期望低者创造成功机会，使他们在成功体验中获得自信，是一个缓慢的过程。而一旦有了成功体验，他就可能悦纳自己，以更积极的心态拥抱未来。

第三节　　培养时间管理能力

学生总抱怨作业多，老师则责怪学生懒散，效率低下，不能落座即静，而是串座位、吃零食，浪费时间。家长也反映，孩子回家后总会磨蹭个把小时才写作业，不是吃水果，就是听音乐，效率低下。作为班主任，在减轻学生负担方面作用有限，能做的是帮助学生做好时间管理。

时间都去哪儿了

我大致算了下，发现学生每天至少会浪费两个小时。如果把这两个小时用来休息和锻炼，不仅学习效率会提高，身心状态也会变好。怎么才能让学生意识到这一点呢？请看下面镜头：

镜头一：晚上6:30，上晚自习。6:15，小李拎着一瓶水晃晃悠悠地走到座位上，把水放在桌上，回头看向小徐，东拉西扯地聊了两句，又趴到前桌小翁的背后，瞅瞅他在做什么，然后开始发牢骚："今天作业真多，我还没写呢。"说着拧开瓶盖，仰头灌了两口。突然，他好像想起什么，和左边同学谈笑起来，对方也觉得好笑，凑过来和他绘声绘色地交流，他捧腹大笑。这时周围两三个男生也凑了过来。他又仰头喝了几口水，然后从抽屉里翻出一本数学书，看了几眼，继续喝水。喝完水后就把空瓶子对准两米之外的垃圾桶练习"投篮"。投偏了，瓶子滚落在垃圾桶外。他嘟囔道："哎！怎么投中率这么差。"说完就去捡瓶子，回到座位上再次投掷。周围几个同学有的嘲笑他，有的也拿个塑料瓶和他比赛。中了！他心满意足地回到座位上开始学习。这一过程用时 15 分钟。

镜头二： 大课间，9:30 下课，10:05 上课。学生三三两两地走向 200 米之外的操场。几个女生聚在一起，讲着各种趣事，用了大概 5 分钟才走到操场。此时有些班级还没有到，体育老师开始指挥站队，到 9:47 才开始做操，9:52 做操结束，学生晃晃悠悠地回到教室，此时已经 10:00 了。大家再说笑一会儿，就上课了。

上面镜头是我观察到的学生日常，后来我把这些内容拍成视频在班上播放，让学生反思：这是个别现象还是普遍现象？如何利用零碎时间？优化后每天能节省多少时间？如果抓紧白天的时间，是不是深夜就不必一边赶作业，一边和困倦对抗了？学生恍然大悟：时间竟然从指缝里白白溜走了！就是在这样一次次提醒中，学生开始精打细算、争分夺秒地学习，争取早睡早起，慢慢地，上课打瞌睡的人明显少了。

假期的时间管理

暑假是查漏补缺的关键时期，学生用于休闲放松也合情、合理、合法。最怕的是，学生在整个假期无所事事，形成网瘾，熬坏了身体，也迷失了方向。然而，班主任如果控制得太紧，一是不合法，二是学生一定会抵触，就会事与愿违。我和班干部商量后，在学生自愿报名的基础上，成立了几个 QQ 群，让他们分组晒计划。我跟班长和几个学习中游的班干部说："咱们利用一个假期，冲进年级前 10% 怎么样？"班长惊讶地说："什么？老师，不要一口吃成个胖子，要循序渐进呀，希望越大失望也会越大的呀！"看着她夸张的表情，我下定决心，必须让他们看到自己的巨大潜力！

我建了三个"自治"QQ 群，挑选了三个自觉性和规划意识强的学生做每个群的群主，其他同学自愿入群，每天早晨 7:30 之前要在群里晒学习计划和昨天计划完成的情况。学习计划包括目标大学、专业、短期目标、时间段和对应任务、任务完成情况、自评等。我每天也在三个群里晒学习、工作计划，为学生示范，给自己压力。

这些学生在假期里每天都有科学且详细的规划，有效克服了假期前松后紧、安排随意等缺点。因为每项计划要定时定量，学习时更专注，更有紧迫感，效率明显提升。群友们结合彼此的安排，取长补短，不甘落后。比如，有人本来每天学 7 个小时，就自我感觉不错了，但看到有群友竟然学了 10 个小时，便立刻优化自己的学习计划，提升执行力。这样，通过网络，学生营造出"比、学、赶、帮、超"的氛围。

我每天也会在群里点评每个人的计划，以表扬为主，偶尔提醒一下偷懒的学生。学生之间也可以相互点评。例如，小彤是群里的"领头羊"，她每天跑 3000 米，学习 13 个小时，成就感使她欲罢不能，保持着亢奋的学习热情。群友们夸赞她、请教她，但也使她感到压力很大，有一种被捧杀的感觉，于是申请退群，让自己在独处中平静几天，后又主动回来。她说："真是'独学而无友，则孤陋而寡闻'。退群后，没人监督，没人鼓励，锐气全无。"也有学生私聊我："出于好奇，我每天都关注同学做了什么，看到别人努力就焦虑。能不能退群，把计划单独发给您？"我说："可以！尊重自己的真实想法，大胆采用适合自己的方式。"

暑假很快结束了。开学考试中，我班有五六个原来的中等生都进入了年级前 10%，小彤更是由年级 200 多名进入年级前 20！班级整体成绩有了质的飞跃。更重要的是，暑假没有入群的同学看到这么多后起之秀，开始奋起直追，把暑假荒废的光阴补回来。班上学习的氛围更浓了！

第四节　　鼓励那些努力的人

信心和希望源于个人的成功体验或同等境遇者的巨大进步。学生如果经过努力取得进步，哪怕进步不大，班主任也要及时给予真诚的鼓励。

2019届学生周静怡的成绩一直在中游徘徊，但她不放弃，经常主动找老师谈心，优化学习策略。皇天不负有心人，她终于在高三一模中跨入理科前100名。她很振奋，我也很振奋。我请她在全体同学陪同参加的家长会上发言，她的发言让全班同学和家长们都很受鼓舞。她的演讲稿被我在公众号上推出后，阅读量过万。现将其内容抄录如下。

别想太多，傻傻地努力吧

大家好，我是周静怡。今天，我作为进步显著的同学代表，跟各位叔叔阿姨分享我的心路历程。

高一基础不扎实，高二又忙于各种活动，导致我的成绩一直很不理想。每次我都期望通过考试来证明自己的能力，但收到的只是挫败和失望。于是我不仅担忧前途、愧对师长，压力如山，陷入恶性循环，也变得很敏感，感觉无法融入大家的讨论，插不上话，也听不懂。

我有时会想："大家会不会觉得我特别'菜'啊？"发试卷时，为了不让别人看到我的成绩，总遮遮掩掩。情绪需要倾诉，我就把想法写在随笔里。有一次，班主任张老师这样评论："什么也别想，傻傻地努力吧！"

对呀，人本来就是为了自己而活，何必在意别人的眼光呢？我开始自我分析，这个不良心理的来源到底是什么？是虚荣心，还是要面子？于是，我在随笔里这样写道：

> 让我持续性无法控制地陷入这种过度解读和敏感纠结的原因有二，一是因为自己的不自信，二是又对结果抱有过分的期待。就像作家马德所说："我慢慢明白了为什么我不快乐，因为我总是期待一个结果。"我也总在期待一个结果——某个一鸣惊人的时刻，所以我拒绝触及落魄境遇和反复挣扎过程中的所有元素。好像这样，别人就不知道我的数学成绩是真的很差；好像这样，就可以在那个一鸣惊人的时刻到来时，伪装出一副"我本来就很厉害"的样子。于是我害怕公布排名。抱着这样的心态，我连自己的挣扎和努力都不敢面对了。

其实这是我们每个人或多或少都有的心态。我们总期待一个显著的成效突然呈现在面前。我们会想，为什么别人都在进步，自己却没有成果。这其实就是抬高了心理预期和急于求成。微小的进步总是不可视的，挫败感会盖过我们对自己进一步的认知，并且这份打击会在自己的反复加工中变得更加不能接受。加之外部对我们"辛苦付出"的反复强调，比如家长们每晚煲汤怕孩子饿坏了身子；别人张口闭口就是"高三多辛苦啊"……于是自己好像真的遇到了天大的苦难。在这种心理的暗示下，我们以为自己经历了别人难以超越的艰辛，收获却微乎其微。但是我们真的有这么辛苦吗？真的付出了全部吗？真的有资格说我们弥补了之前该花但没有花的时间精力，配得上一个理想分数吗？或者说，当我们真正沉浸其中的时候，可能并不会感到它难以忍受，甚至还会带来干劲和乐趣。生活本不需要哭天抢地，外界的过度渲染和自己的小题大做，会让这个空间布满牢骚，弥漫着戾气和自我强化的"恶"。

我们必须逼迫自己反省，而反省的结果仅仅是迫使我们发现，自己只是一块倒在荒野中的大理石，被现实一步步侵蚀，却未向大卫（此处指雕塑作品）

靠近一步，慢慢失去自信。

所以我觉得，无论是外界环境，还是内在情绪，保持一个正常的生活状态和平稳的心态非常重要。

在这方面，我特别欣赏小何同学。无论考得怎样，他永远不骄不躁，沉浸于学习之中，外界似乎与他无关。一模考完之后，大家绷紧的弦松弛了，但他仍在做他的数学错题，这一幕让我深有感悟。

其实，我在高三第一次段考时就意识到了自己的问题——基础薄弱。但因为每次都考综合卷，为了应付每一次的考试，我试图把所有内容都复习到，严重打乱了正常进度，而且我每次只能考前突击，浅尝辄止，效果甚微。找到症结之后，我就跟妈妈说，到一轮复习结束，我一定可以赶上来。

之后，我心情平静下来。每一次考试，特别是考数学的时候，我都会先保证已复习的内容不出错，然后逐章攻克。每周仍然要做一张综合卷，保持对所有题型的熟悉度。之前填空题做得特别差的时候，就每两天做一份填空题，限时训练，把错题归类整理。尽管我现在的数学成绩并不算优异，但已有了十足的进步，保证了基础题不出错，该拿的分都拿到。这次一模考试，除了一道填空题，19、20题的最后一问，以及附加的最后一题，在基础题、中档题我都没有太丢分。而我的下一步计划，也是我之前为了利益最大化只能暂时放下的，就是把复习的重心更多地放在攻克导数题和数列题的后面几问，以及二项式定理和数学归纳法。对于中档题，也要一直保持手感，注重答题规范，争取一分不扣。

但不可避免的是，在这一过程中，我仍然会不断遇挫。而我也为自己找到了排解方式。史铁生在《病隙碎笔》中写道："不断的苦难才是不断地需要信心的原因，这是信心的原则，不可稍有更动。倘其预设下丝毫福乐，信心便容易蜕变为谋略，终难免与行贿同流，甚至光荣，也可能腐蚀信心。"虽说考试称不上苦难，但这与我们对待挫折的态度在道理上是差不多的。

如果终日以"我怎么这么倒霉""我怎么又做错了简单题""我本可以考……"来麻痹自己，总以为命运欠了自己什么，生活只会在愤懑和焦虑中度过。即使考前祈祷上苍保佑，也不应该带有功利的心理，期许自己付出了什么就一定要得到多大的回报。如果把遇挫次数和分数当作1∶1的等价代换，这样的功利想法，只会让自己愈发压抑。"唯当去求一份智慧，以醒贪迷。"这句话在每次考砸的时候我就拿出来反复默念，用于支撑我前行。

但是这并非否定"有付出就有回报"。这不矛盾，但又该怎么理解呢？《病隙碎笔》中是这样说的："那不是信心之前的许诺，不是信心的回扣，那是苦难极处不可以消失的希望啊！……命运并不受贿，但希望与你同在。"

其实我的这段路，谈不上废寝忘食，谈不上有多痛苦、多挣扎，我只是每天正常生活，该吃该睡，心态放松，但是心不散。至于拿到这个分数，谈不上是惊喜，因为考完之后我已有了预判，所以这不是幸运降临的馈赠，而是我值得拥有的。对于考试中出现的错误，一些有能力但没有拿到的分，我也不单纯地将其归因为失误。我总感觉，好像有一个人在盯着我，她觉得我现在还没有达到从量变到质变的地步，于是在一些我忽视的地方使一些绊子，让我懊恼，但也让我清醒，让我誓不罢休！而对于我已经很熟悉的内容，尽管会因为一些小错紧张焦虑，感到"我这里肯定又丢分了"，必死无疑，却总能够绝处逢生。这其实也可以解释，为什么有些科目考试结束后，有同学说自己要完蛋，但是却从没有下过一百分。因为他已经度过波动上升的阶段，稳定下来，靠实力说话。如此看来，所有的分数该得的还是不该得的，该丢的还是不该丢的，都恰到好处而已。

在接下来的一百多天里，我也希望自己能够享受这个求索的过程，不去过分地在意结果和他人的眼光，只傻傻地努力；不强颜欢笑掩盖缺陷，也不满腹牢骚故作悲怆。

之后我每接一个班，都会把这篇文章印发给学生阅读、讨论。我想借这篇文章给学生传递这样一种观念：努力比成功更重要，影响成功的因素有很多，其中一些因素是个人无法控制的，而努力完全由自己决定。努力是一种不甘心被打败，更不缴械投降的姿态，本身就是彰显人的尊严，其背后体现了乐观、自信、自尊、自制等多种积极品质。后来周静怡回校看我，我特意邀请她和几个学生进行交流、合影。

第五节　让学生享受"福流"

积极心理学以研究人的各种潜力、美德和积极力量为出发点，通过激发这些积极因素，帮助人们最大限度地挖掘自身潜能，获得幸福生活。当下普遍存在的重缺点、轻优点，重分数、轻人格，重结果、轻过程的做法加剧了学生的恐慌、焦虑、沮丧等负面情绪，导致他们学习效率低效、发挥失常，甚至自暴自弃。积极心理学把教育界定为：不仅要修补，更要建设，把所有人尽可能地建设到一个他可能达到的理想状态。这一理念有助于师生营造积极的学习氛围，唤醒和激发积极体验，培养积极人格。班主任可以将这些理念迁移到班集体建设中。

提升学生的学习满意度

现在有些班主任的关注点不是学生，而是学生存在的问题。学校通过频繁考试，逼迫学生找差距、纠错题、补短板。学生无论怎么努力也无法达到教师的高标准，长期的挫败感容易导致习得性无助。科任教师，特别是班主任，则通过聚焦和放大学生的缺点，通过挤压课余时间等手段，试图最大限度地挖掘学生的潜力。学生不堪重负，或紧张焦虑，或敷衍塞责，教师也疲惫不堪，牢骚满腹。师生之间的负面情绪相互感染，不断发酵，导致教学效率低下。甚至有些班级直接喊出"努力到无能为力"之类的口号。这种魔鬼式的训练与幸福背道而驰，这类口号更是严重偏离了教育的宗旨。学习应该是让人更有力量，而非自感无力。那么，什么样的教育管理模式才能提升学生的自身满意度，进而提高效率呢？我们可以借鉴心理学家弗瑞德的"激励潜在分数"（Motivating Potential Score，MPS）。

MPS =（技能多样性的数目 + 任务重要性的程度 + 任务一致性的程度）÷ 3 × 任务自主性程度 × 任务反馈性程度。[1]

可见，任务自主程度和任务反馈程度是其中最为重要的两个因素，它们是乘法效应，对激发动机和开发潜力的作用尤为关键。这一公式启示教师要做到如下两点：

一是课外作业不宜占满学生的时间，要适当留白，供其自由支配。即使学生自我管理能力差，教师也不应该剥夺其自主权，而应该通过榜样示范、经验交流、个别指导等方式引导学生根据自身情况确定努力方向、选择复习资料和学习方式、制订学习计划。

二是及时反馈。测验要紧扣最近复习重点，尽快公布结果，及时给学生提供个性化反馈。例如，对作业或试卷中的点滴进步进行圈点或表扬，对出色的课堂表现用口头或态势语表示赞赏。及时反馈可以帮助学生获得自我效能感，明确"最近发展区"，不断自我突破。另外要注意复习形式的多样化，明确各个知识点对高考和未来人生的意义。学校管理层和师生之间、教师之间、学生之间要齐心协力，避免内耗。

"激励潜在分数"公式提醒我们，把注意力放在提高学生的自我满意度上，而不是学生的问题上，让师生在教育生活中获得力量感和幸福感。班主任除了身体力行之外，还要联合科任教师一起依据这一公式提高效率。

---

[1] 任俊. 积极心理学 [M]. 北京：开明出版社，2012：192.

建立积极的情绪体验

积极心理学认为,弗洛伊德夸大了过去对现在的影响。其实,人过去的经历对现在或将来的影响是通过人回忆时产生的情绪体验起作用的,并不是过去的事件仍然真实地起着作用。因此,教师要引导学生保持积极的情绪体验,满意地面对过去,专心地投入于现在("福流"),乐观而满怀希望地面对将来,时刻保持阳光自信,充实而快乐地度过每一天。

引导学生获得"福流"体验

"福流"是对某一活动或事物表现出浓厚的兴趣并推动个体专注其中的一种情绪体验,是愉快、能力、分享的结合。它源于"自带目的"的动机。具体特征如下:沉浸于当前活动;意识和活动合二为一;自我意识暂时失去;对当下活动有掌控感;出现暂时性体验失真(如感觉时间过得快);活动体验本身成为内在动机。福流产生的条件是:挑战和才能的平衡;活动具有清晰的目标、明确的规则和科学的评价标准;活动主体具备"自带目的性人格",即对生活充满好奇和兴趣,有耐心和恒心,从内在动机出发,能对自身行为做出自我奖赏。而现实中很多学生处于"分离"和"茫然"这两种典型的非"福流"状态。迫于作业压力,基础牢固的学生疲于重复训练,没有时间和精力主动去做富有挑战性的事情,容易导致"分离";基础薄弱的学生难以应对远远超出自身能力的题目,感到无所适从,易导致"茫然"。非"福流"状态下,学生难以享受战胜自我的愉悦感,效率自然低下。

班主任可以采用如下措施帮助学生获得"福流"体验:

1. 引导学生进行职业倾向测试,搜集大学和专业的相关信息,明确自己喜欢的专业和大学,尝试做人生规划并制定清晰的目标。

2. 通过研究历年分数线、自身成绩、兴趣和潜能,制订阶段性计划;根据所在学校历年升学情况，估算达到目标需要的校内名次，便于自我评估。

3. 帮助学生制定"跳一跳够得着"的阶段目标。

4. 分层作业，分类要求。

和学生分享探索未知世界和精益求精地做事的乐趣，用自己求知过程中的快乐情趣感染学生。

另外，班主任还应该引导学生正确认识高三的意义在于拼搏的经历，在于追梦的过程，在于收获知识、磨炼意志、提高执行力，这些本身就是财富。因此，不要患得患失，要努力使自己变得更优秀。

点燃学生对未来的希望

高三惯用的教育方式是"恐吓"。例如，"如果这种低级错误出现在高考中，你将欲哭无泪！""高考考这么点分，看你怎么面对父母！""考不上重点，毕业即失业！"这种方式试图将恐惧化为动力，但无疑会增大学生的心理压力，强化"如果真考砸了怎么办"的心理暗示，导致过度焦虑和恐慌。

人是因为希望而活着。希望比恐惧更能激发学生的内驱力。对缺少内在动力的学生，班主任可以指出他的优势，陪他清晰、具体地描绘十年之后的生活状态，并以往届学生为例，激发其必胜的信念。对感觉考重点大学无望的学生，可以单独为其播放安永全的《我的高考》、贺舒婷的《你凭什么上北大》，告诉他们一切皆有可能。允许学生批评作者将高考视为唯一目标的执念，同时也要引导学生理解，他们的选择或许与资源匮乏、出路受限、视野狭小有关，但通过扎实而合法的行动来挖掘自身潜力、实现目标的精神是可取的。对于基础极差的学生，可以安慰他们考名校没有想象的那么重要，只要抓住机遇，不断努力，任何人都可以收获精彩人生。我向学生推荐阅读《我们活着的理由》，其作者弗兰克尔全家都被关入纳粹集中营，父母、妻子、哥哥全部遇害，只有他和妹妹幸存。在艰难与痛苦中，他把目光转向意义。他认为，愉悦不是一种生理快乐，而是一种有意图的感觉。价值相对于行为意图而言必然是超越性的。通过自由创造可以实现价值，体验独一无二的经历是价值，面对无法回避的苦难保持尊严也是一种价值。既然别无选择，就勇敢面对。每天都不放弃，也是一种价值。生活会因有价值而具有充实感和愉悦感。

点燃每位高三学生的希望，他们的高三生活将是主动的、积极进取的，心理将是阳光的、自信的，精神将是健康的、有活力的。

培育积极人格

积极心理学强调，只有人固有的积极力量得到培育和增长，人性的消极方面才能消除或抑制，所以班主任要把工作的重点放在唤醒学生的积极力量上来。在学习生活和社会实践中，注意培养"乐观型解释风格"，将积极情绪变成常态；注意提升学生的自尊感，使其感受到自身的力量和价值，从而培育学生积极的人格。

帮助学生建立"乐观型解释风格"

遇挫后，"乐观型解释风格"认为失败是由外部原因引起的，是特定的、暂时性事件，仅限于此时此地；"悲观型解释风格"则会将个人失败归咎于长期的、普遍的、内在的原因，认为它会对自己要做的其他事有影响。面对成功，"乐观型解释风格"会认为是内在原因（如聪明、勤奋、善于思考）造成的，影响长期存在，而"悲观型解释风格"则认为是偶然的、暂时的、侥幸的。所以解释风格决定了人面对成败时，以何种方式处理。解释风格的成因非常复杂，但教师的作用也不可忽视。面对挫折，经常被教师在智力维度表扬的孩子要比经常被教师在努力维度表扬的孩子更有可能形成习得性无助。因此，班主任面对学生的成败，要多从是否合理利用时间、是否及时归纳总结、是否擅长精细加工、是否针对性地复习等个人努力和策略维度对学生进行解释和引导，让学生认识到，只要方法得当，潜力还很大。班主任还可以结合学生的自身经历，帮助他们建立"乐观型解释风格"。例如，曾经有一学生数学特别好，从小就被人夸数理思维强，他认为自己根本没有能力写好作文。我并未强调语文的重要性以及他和优秀学生的差距，而是告诉他，数理思维的核心是逻辑思维，这恰恰是写好议论文的核心能力，并通过举例和指导，使其感受到自己具备写好作文的天赋。当学生有了信心，自我期待也就提高了，再指导他积累素材和语言，作文成绩也就会迅速提高。

帮助学生形成"高自尊"

积极心理学把增进积极体验和培养自尊作为培养积极人格的最主要途径。自尊表现为能够自我管理、自我指导、自我监督，能有效地应对生活中的各种挑战和问题，相信自己对世界的价值和意义。它包含两种明显的情感：归属感和控制感。归属感就是无条件被他人（经常是某种组织或团体）喜欢或者尊重的感觉；控制感是自己能对他人或者其他事物施加某种影响的感觉。当下教育教学中，忽视学生自尊的做法较为普遍，成绩优秀者被过分关注，重点培养，久而久之很容易失去对班集体的归属感；成绩差者处于被放弃的边缘，充斥着无力感。这不利于健康人格的培养。因此，教师一定不要按照成绩把学生区分对待，更要彻底清除优胜劣汰等不宜观念。在交流中，教师也不能流露出对后进生的嫌弃，而要在言谈举止中践行一种理念：每个学生都是班级的主角，老师的责任是让每一个学生成为最好的自己，会无条件地支持帮助每一个学生，从而让学生感受到自己在集体和老师心目中的独特价值；指导学生每天把要做的事情按照轻重缓急列好计划，估算每项任务所需的时间，每做好一件就自我表扬一下。这样学生就能在扎实的行动中获得控制感，增强自尊。

运用积极心理学还可以帮助教师纠正过分关注学生负面信息的偏颇，但这绝不意味着要一味地表扬、鼓励，降低要求。教师要学会具体问题具体分析。

例如，面对小进即满、小富即安的学生，必须高标准严要求；对盲目乐观、骄傲自大的学生，要直击要害，触及灵魂；对偏科严重、心存侥幸的学生，要督促其正视现实，扬长避短。教师在运用积极心理学时，不能照搬照抄，要灵活运用，本着立德树人的宗旨，在因材施教的前提下，将其转化为个人智慧，帮助学生冲破黑暗，迎着阳光奔跑，做最好的自己。

第六节　　教会学生真学习

与科任教师相比,班主任不但要关心学生对自己任教学科的学习情况,还要了解每个学生所有学科的学习情况,包括学习态度、方法、成绩、潜能等。一个专业的班主任,不应该只盯着成绩,而是能够从态度、方法着眼,帮助学生挖掘潜能,找到提升成绩的策略,在指导学生学习的同时,还要引导学生警惕假学习,学会真学习。

有些学生的学习看似用功,实则是自我表演,并不是建构自己对人生、社会、自然的理解。这其实属于无意义的学习。因此要警惕包裹着勤奋外壳的懒惰。

看学生早读,经常看到有些学生在背《文言实词 120 条》。这是语文组教师们精心编纂的一份资料,每个实词后附有常用义项及例句,不仅方便学生寻找不同义项之间的关联,梳理出演变过程,也训练了学生根据意境、偏旁、成语推测实词含义的能力。我告诉学生使用的方法:先猜,打通课内外,寻找义项之间的联系,并记录自己的新发现。然后用黑笔做对应的题目,之后对照答案,确认合理性后,再用红笔订正。为了方便及时订正,我把答案印发给学生。我坚信,这 120 个实词加上教材选文、模拟题,足以让学生拿到 90% 的文言文分数。结果一个月后,学生之间学习成效差距巨大。为什么?我决定认真研究一下。

我先挑了几个毫无进步的学生。只见一个男生的小册子上没有红笔订正的痕迹。原来他直接抄答案！直接抄也不是不可以，但至少应用不同颜色的笔来区分下难易，这样在复习时，就可以紧盯不熟悉的部分来提高效率。然而，他是从头抄到尾，没重点。不熟悉的部分也不愿思考，根本记不住，白费时间。问他时，他说："我推测词义浪费时间，不如直接背。"

此时另一个男生正急匆匆地写小册子。我问："你怎么还没写完？"他说："我先把答案背了一遍，这样就好写了。"背答案固然快，也显得自己都学会了，却放弃了培养语感、推测词义的机会，把有趣的发现式学习变成了死记硬背，把知识的缺陷也掩盖得天衣无缝。

到了查漏补缺的复习阶段，就会发现这些同学压根找不到复习重点，似乎什么都做了，但无的放矢，忙忙碌碌，只是在浪费时间。

这两个学生的成绩都是中下游。家长很焦虑，问为什么孩子的学习成绩就是上不去，希望我能指导一下他们的学习方法。我是一位特别强调方法的老师，我教的方法是学会、学透的方法，学生用的却是偷懒糊弄的方法。我强调的是做每件事情要有收获，包括语言、思维、审美、思想，他们却是疲于应付，从来没有让学习真正发生。方法问题的根源是态度问题。

有家长说，孩子每天都熬到深夜12点！用功不只是延长刷题时间，更是用心、用脑、得法。我曾问一个男生，为什么做了一年的读书摘抄，作文没有任何提高？他说自己为了完成任务，抄了一些没价值的东西。这种学习方式看似努力，甚至勤奋，实则是懒惰，如不改正，未来堪忧。

距离期末考试还有三天，A生正在阅读一本厚厚的小说。我不没收，看小说可能是紧张复习后的放松，可能是气定神闲的从容，可能是无从下手的焦虑，也可能是敷衍完作业之后投入真爱。

"你怎么看小说呀？"我问。

他理直气壮地说："老师，我写完作业了！"

我说："快考试了，所以老师们留的作业少，给你们留出时间来复习整理，有针对性地学习。最近所学你都掌握了吗？"

他不语。几天后成绩揭晓，一切可想而知。

课间，B生没出去玩，而是伏案疾书，笔尖在练习册上飞舞，答案放在旁边。我一看，他在做的这道大题一共三问，他写完第一问就翻答案，用红笔把参考答案补上去，然后写第二问。我问他："你研究过自己的答案和参考答案的区别吗？研究过参考答案与题干中规定范围、方向、意图的词语之间的关系吗？研究过参考答案与材料、教材、课堂教学内容之间的联系吗？反思过自己回答不正确、不完整的原因吗？"她摇摇头。我又问："为什么不能把答案收起来呢？限定时间，做完整卷再订正会更好。做一问看一问，很容易在订正前面时，看到后一题的答案，然后顺势写下来。自以为会了，实则失去了查漏补缺的机会。"她委屈地哭了："我明明认真地写作业了，为什么还说我？"我说："这不是批评你，而是教你怎么学习。"她说："但是，您找我谈话，影响了我写作业，耽误了我的学习时间呀！"

我批阅完作文，印好范文，讲评完之后让学生将自己的作文修改一下。C生追出教室问我："老师，修改的作文明天早晨收吗？"我说："什么意思？如果不收就不写了？"他尴尬地"嘿嘿"了两声。

A、B、C三位学生都不算不完成作业的问题学生，也不是智商太低学不会的学生，但成绩都不理想。原因不只是不会学习，更是不爱学习。因为爱学习的人，会寻找一切高效的办法让自己变得会学习。

A生的作业一贯潦草，因为只有缩短写作业的时间，才能挤出更多的时间看小说、玩游戏。他写作业的目的是避免被老师批评，而不是温故知新、理解迁移。

B生是把学习当成毫不关己的事务来做，只关心做完与否，不关心质量高低，更不关心这个事务。

C生在意老师对他的评价。他学习是为了在老师面前扮演"好学生"，而不考虑怎么使自己有实质的进步。

或许他们没有错，这些也许是他们过去为了应付超负荷的作业量而想出的一种举措，久而久之，便形成了习惯，也就忘了作业和学习的区别，忘了是给谁学。如果没有作业，他们从不会主动地、有针对性地学习。

在课前晨会上，我也请学生自省：自己更接近A、B、C哪种情况？并宣布：只要学生自己觉得把笔记整理一遍、把教材看几遍、把题目分类整理一遍收获更大，就可以不写或少写作业。之所以选择写作业这种学习方式，是因为该作业的质高，量也适当，比学生自己读书、刷题效果更好。写作业的目的其实是在查漏补缺，或者是训练思维、速度。

一位家长说，自己孩子只会糊弄作业，不会主动学，这都是以前养成的坏习惯。我说："你知道这是个坏习惯就好，否则高中继续培养这个习惯，到了大学就不学习了，以后工作，也难有长进。"

联合国教科文组织曾把"学会学习"当作教育的四个支柱目标之一。帮助学生"学会学习"，班主任责无旁贷，不能只满足于检查、督促作业，更要让学生养成主动探索人生、自然、社会的兴趣和习惯，让自己的潜能转变为能力。

班主任要发挥自己的专业优势，运用心理学、教育学知识探寻制约学生学业成绩提升的瓶颈所在，而不是笼统地用"不刻苦""不认真""马虎"等词语剖析原因。专业且具体的分析和个性化指导，是挖掘学生学习潜能的关键环节，这其中包括引导学生探寻个性化的学习方法以实现高效学习，以真正理解知识并能迁移运用从而解决新问题为目标展开学习，培养学生自主反思并优化学习策略的能力。

第 七 讲

如何指导学生复习备考

第一节　引导学生理性归因

"为什么没考好？"这是教师分析成绩时的口头禅。然而，这句话反映的归因谬误，会将学生的注意力偏移到"考试环节"。很多学生是为考而学。平时松松垮垮，临考突击，考场上手忙脚乱，考完之后望着不理想的成绩，自我辩解：某题会做，只是粗心；某题思维卡壳，一交卷就想出来了；某题会做，但前面耗时太多，来不及做。殊不知，无论是粗心、卡壳，还是来不及，多是因为学得不透、练得不熟。考不好的根源是学得不好。如果只盯着"考"好，就容易考前焦虑，就会在考试中因"目的性颤抖"而发挥失常；如果考完不能理性归因，就会导致失败不断重演。班主任必须让学生认识到，只有在"学"上死磕，才能在"考"上从容。这个"学"，不仅仅是延长时间，增加训练强度，更是在熟悉测评方向的基础上，吃透知识点，全面提升素养。而学不好、不用心学的根源是与学习相关的系列情感、态度、价值观出现了问题。

一　各科均衡，最大限度挖掘潜能

学生和家长往往把"均衡"理解为各科平均用力或弥补短板。班主任学过多元智能理论，懂得人和人之间的智力组合不相同，又能在师生交往中看清每个学生学习天赋、心态、方法等方面的差异，有义务引导学生基于对自我的理性认知，以每门学科都能触摸到个人"天花板"为目标，合理分配时间，调整策略。例如，某学生语文成绩不好，此时不是简单地补差，而是指导他借鉴 SWOT 分析法，详细列出自己的优势、劣势、机会、威胁，具体到哪些知识、哪些能力是短期可以补救的，哪些是天赋所限或需要长时间努力的，把突破的重点聚焦于"能够做的"和"可能做的"上。

一般而言，语文学科中的名句默写、文言文阅读、文学鉴赏的相关知识、作文审题，只要死磕硬打，学生都可以熟练掌握，而作文立意、文学类文本阅读和古诗词阅读中的新题型，考查的是思维、审美能力，学生在短期内很难有进步。英语学科中的语法、词汇的复习可以立竿见影，而思辨性较强的题目很难快速提升。在确保弱势学科中基本知识、基础题、常规题万无一失的同时，对自己喜欢和擅长的科目也不能掉以轻心，不能满足于微弱领先。因为擅长，容易在学习过程中产生愉悦感和成就感，容易获得高分。每个人产生边际效应的临界点不同，找到自己的临界点非常重要，不要还没达到临界点，就放弃进一步投入。

此处的"均衡"还包括杜绝侥幸心理。一些学生把最近两年某学科的高考难度、考查重点、题目类型当成趋势，就想当然地认为某门学科容易，不愿下苦功夫。我平时也会搜集历年各科试卷的难度，给学生展示。例如，2021 年高考江苏省语文 120 分以上的寥寥无几，而 2022 年我教的一个理科班就有 3 个 130 分以上，南师附中 120 分以上的过百，全省估计有上千人。2021 年考生的语文成绩集中在 100～110 分，没拉开距离，到 2022 年，成绩就分散在 100～140 分，语文高分成为高考夺魁的必要条件之一。所以每一年试卷的难度涉及多种因素，并不取决于前一年的难易。在不能穷尽所有因素的情况下，切莫让学生有赌徒心理。所谓"均衡"，就是不厚此薄彼，而是遵循课标和学校进度，稳扎稳打，以不变应万变。

刷题量与成绩未必正相关

刷题，即大量做题，的确可以巩固知识、提升速度，但刷题数量未必与学业成绩正相关。学生的注意力容易限于当下任务，很容易把多刷题当成努力学习的代名词，此时教师必须从高考命题原理、程序、历史、趋势等角度指导学生科学高效地学习，而不仅仅简单地反对刷题。例如，解题时会调用某些知识点，训练"迁移"能力，但不能帮助学生弄懂知识的原理和推导过程，不能深化对概念、定理的理解，更不能帮助学生系统建构知识网络。又如，刷题时，某类知识点的出现频次依赖于试卷、题库，通常情况下，常规题、常考知识点高频出现，而一些新题、冷僻的知识点偶尔出现，因此，会导致复习不全面，不能针对个体薄弱环节重点击破。要想攻克自己知识的盲区和模糊地带，必须深读教材，死磕难点，既有专项训练，又能深度加工，系统整理，不能仅依赖刷题，尤其不能依赖匀速地刷整卷。当学生明白了这些道理，就不会盲目刷题了。

此外，指导学生科学复习，如指导学生自主复习，运用思维导图等形式重构教材内容，吃透知识原理和教材结构，有针对性地训练，不断整理反思。即使是做整份试卷，为发挥每份试卷的增值作用，班主任要强调如下几点：

1. 定时定量，预设达标程度。例如，一份正常试卷需要 120 分钟完成，就尽量在 120 分钟的整块时间完成，做题之前预估一个正确率。营造紧迫感，按照考试节奏慎重处理容易题目，不必纠缠难题，保持过程的严谨。

2. 适当留白，灵活处理。不要做完一份试卷立即赶做下一份，要留下空白时间来攻克难题，整理错题，吃透教材的相关内容；要劳逸结合，自我奖赏，深究做题时暴露出的问题。留白还可以避免低层次的自我重复，避免劳而无功、心力交瘁。

3. 有目标、有自评。在计划本的每一页上郑重地写下学习目标。这个目标可以是让自己燃起激情的理想大学、理想名次、理想分数等。自评时要勇于自我鼓励，表扬自己的点滴进步，让每天都有获得感。

一开始，学生可能觉得列计划会束手束脚，紧张压抑；也可能往往早晨雄心勃勃，晚上发现"欠债"很多，产生挫败感。但这总比漫无目的地学习的效率高。如果计划过满，第二天调整到"跳一跳可以够得着"的程度就行了。

要过度学习

很多学生自以为"会了",却在考场上发挥不出来,就是因为平时满足于记住结论、死记硬背,没有过度学习。例如,学习文言文时,满足于磕磕绊绊,勉强应对课堂上的默写、翻译检查,不肯下功夫,不能熟读成诵,字字落实,不愿意根据艾宾浩斯遗忘曲线及时复习,于是边学边忘,等到考试时,前面学的已遗忘殆尽。这种所谓学会了,其实远远没有达到理解、内化、迁移的程度。

再如,学数学时,一些学生认为能听懂老师的讲解就可以了,其实从"听懂"到"考好"还需要走一段很长的路。听懂了,只是意会,但不能言传,那种意会转瞬即逝。所以教师要帮助学生体会"理解的六侧面":[①]

1. 解释。恰如其分地运用理论和图示,有见地、合理地说明事件行为和观点。

2. 阐明。能够演绎解说和转述,根据自己的理解为别人清晰地讲解这道题或这个知识点。

3. 应用。有效地使用这个知识点、方法、规律去解决其他类似的问题,包括真实世界的问题。

4. 洞察。能够理解这个知识的原理、适用范围、可能存在的问题,提出有个人见解的观点。

5. 神入。感受到他人或知识的创造者探索的乐趣,不是把这些知识当成负担,而是当成出发点,用来勾连过去所学或提出新见解。

6. 自知。知道反思自己的认知习惯,并把所学的内容充分内化,科学判断自己对知识掌握的程度。

过度学习需要学生用自己的方式对学习内容进行精细加工。很多学生不喜

[①] 格兰特·威金斯,杰伊·麦克泰格.追求理解的教学设计(第二版)[M].闫寒冰,等译.上海:华东师范大学出版社,2017:95–117.

欢阅读教材，直接复习课件或"知识清单"，看似短平快，实则无法把握知识的来龙去脉、编者的阐述过程，更无法展开与教材的深度对话，知其然而不知其所以然。知识只有在具体情境中才能展示其解决问题的功能，只有经过自己的主动建构，才能充分内化，变为自己认识世界和解决问题的工具。强制记忆知识符号，因为缺少生活经验和自身加工，不但容易遗忘，而且使学习过程少了积极体验。

班主任不但要引导学生带着任务去梳理、探究、整理自己所教学科的内容，而且要利用班会课展示优秀学生读教材、记笔记的方法，引导学生重视"学"的过程，而不是纠结于"考"的结果。

为了培养学生过度学习的习惯，我通常利用每周最后一节自习或周一第一节自习，组织"周周清"。所谓"周周清"，就是请科任教师挑选最近一周所学的重难点或典型题目，适当改编，由班主任将其组合成一份涉及各门学科的综合卷，让学生限时完成，然后当堂交换阅卷。成绩用于班主任和科任教师把握学情以及学生自我反思。"周周清"可以提示学生把学会、学透、巩固、迁移当成目标，而不是满足于写完作业。

第二节　把问题消灭在高考前

高考因其公认的程序正义，备受社会关注。近年来，高三模拟考试颇有不断增多、不断提前之势。学生过于关注模考的预测、督促功能，而忽视其诊断、矫正功能，即更关心这个成绩相当于高考的什么程度，可以达到哪些高校的录取线，在其他班级或学校排什么位次，而不是深究考试中所暴露的知识、方法、心态上的问题，不能借机优化学习策略。甚至流行一种说法：一模成绩约等于高考成绩。这一无稽之谈让一些家长和学生六神无主。这种倾向削弱了模考的价值，严重影响了学生学习的心态和效率。试想，高三每月一次考试，如果学生考前焦虑，考后沮丧，真正用于学习提升的时间将所剩无几。所以班主任必须采取措施，把模考的积极作用发挥到最大。

首先，利用往届学生模考和高考成绩对照表来戳穿谬论。一模和高考相距140天左右。目前，没有任何研究可以证明人的心理周期是140天左右。把结果归结于神秘力量，本身就是一种焦虑，也助长着焦虑。为帮助家长和学生理性对待模考，我将往届学生一模、高考、大学发展情况进行汇总，然后发给家长，以缓解家长对一模成绩的焦虑。

1号：高中阶段稳居年级前8，考入上海交通大学。

2号：择校生，高二以后稳居年级前列，考入南京大学。

3号：高二后一度进入年级前10，考过第一，但因求胜心切，模考跌出年级前100，家校联合帮其疏导情绪，心态恢复，考入南京大学。

4号：一模年级前50，高考374分，因为他双语差一些，但那年数学试卷简单，无优势。

5号：双语极佳，理化极弱，但愈挫愈勇，乐观向上，一模年级400名，考入南京大学。

6号：稳居年级前50，一模、二模、高考均正常发挥。

7号：具有处事不惊、沉着冷静的心理素质，小考常在年级二三百名，但历次大考稳居年级前50。一模、二模均在年级200名之外，高考考入南京大学，本硕博连读。

8号：历次考试都在年级300名之后，最后考入武汉大学，被认为是"黑马"，实则不然。

9号：稳居年级80～100名。考前两周家长找人补习数学，孩子心理波动大，考前焦虑，发挥失常，最终考入西部一所大学。

10号：一模尚可，高考失利。

11、12号：年级200名左右，一模、高考都正常发挥，考取省内高校，后分别保送清华大学和上海财经大学读研。

13、24、30号：一模在年级300名左右，但因"青春插曲"，高考发挥失利。大学发奋，分别保送东南大学、西安交通大学、南开大学读研。

47号：高一到高三成绩不断下降，高考成绩一般，在大学坚持不懈，保送浙江大学读研。

……

在上述信息中，一模成绩居前两位的学生（1、2号），当年高考的最终成绩都超南京大学录取线，但这不能证明模拟考试具有预测性，因为这两名学生在高三期中、期末、二模、三模中的成绩一直都很稳定，且居前列，他们高考成绩优异，恰恰说明成绩只是自身水平的副产品，学得好、心态稳，高考自然不会差。一模是阶段性评价，能反映学生阶段性的学习情况和心理素质，但不具备预测功能,更不会与高考有神秘关系。平时学得好,才会考得好;平时学不好,即使一模超常发挥,高考也不一定超常发挥。因此,没必要太焦虑一模的结果,避免让学生出现"目的性颤抖",产生影响二轮、三轮复习的阴影。为此,我写了一篇文章《一模,是磨,不是魔!》,全文摘录如下。

一模会不会影响综合素质评价?综合素质评价的本质是变相掐尖,如果实力不行,即使侥幸获得综评资格,也无法通过高校的考查,只是多一份期待和多一次参与的机会而已。我们要关注自己的实力,关注学习态度、方法、心态,而不是那张一模成绩单。

相对于成绩,班主任更应重视学生是否爱生活、爱学习、爱他人,是否有责任感。这几点真正做到了,一模、二模、三模、高考都不会差,即使有那千分之一的可能——没考好,未来的学业、事业也不会差。我第一次做高中班主任时,有很多失误,但让我欣慰的是,很多学生记住了我的几句话:"学习是快乐的事,是自己的事,是一辈子的事。"他们没把大学当成学习的终点。其实,不管是高考、考研还是就业,都不是终点,只要活着,每天都是新起点。每一个努力让自己、让家庭、让社会变得更好的学生,都值尊敬。

这并非不重视一模,而是让它回归应有的位置,把它当成一次阶段性复习的总结和检验,帮助学生找到更适宜的复习策略和心理调节方法。

那么,学生该如何应对一模呢?

劳逸结合,把状态调整到最佳。多想开心的事,熟悉一下考试时间,估算一下每个学科、每份试题难易分布的情况以及应对策略、时间分配等。设想一下自己在考场上从容不迫、各个击破的情形。

班主任和家长一厢情愿地认为唠叨可以转换为孩子的分数,如果交换一下角色,你会发现孩子比成年人更能讲。如果你实在不愿意阅读教育学、心理学的书,就回忆一下自己在听领导讲话、抱怨、命令时的心态,再回忆一下自己干劲倍增、高效投入的原因,从中找到帮助孩子的有效办法。情绪经过理性地筛选和时间的冷却更有利于积极的沟通。孩子懒,可能是没目标,也可能是焦虑，还可能是习得性无助；如果没目标，并非告知他"你要有目标"就完事了，你可以听他畅想，给他写信，在气氛缓和的时候讲自己遭遇类似但不放弃的故事，把领悟的机会交给他。每一次有效沟通都需要精心准备。

一模之后，最重要的是能让孩子从中获取终身受用的启示，即托尔斯泰所讲的"引导在人生大道上前进的知识"。大而言之，包括自知、自控、自省、自信等；小而言之，包括练习与总结时间如何分配、如何综合分析自己的学科匹配、如何在剩下的140天左右实现效率的最大化、自己在什么状态下效率最高。最重要的是，让孩子坚信：我自己有能力学得更好，没必要天天唠叨大学有多么重要、多么诱人。

学生本身已经压力山大，幼小的心灵还不具备帮我们缓解焦虑的义务和能力，请不要把孩子当成排遣焦虑的出口。我们要做的首先是充分信任和尊重，其次是提高自身水平。

一模前焦虑的家长在一模后可能会立刻安慰孩子：别难过，这又不是高考。于是孩子的压力全集中在高考上，造成"目的性颤抖"，成绩更糟。然后，家长又开始宣传二模决定高考，却不知道造成孩子高考失误的恰恰是自己的无知与自负。

所以，一模的作用只是给教师、家长、孩子提供一次彩排的机会，让我们将高考可能遇到的问题提前清除。它是"磨人""磨炼""磨刀"的"磨"，不是"魔鬼""魔法""魔怔"的"魔"。

既然模考是"磨炼"，那应该磨炼什么呢？

1. 找到知识、能力的薄弱点。

这种诊断不是浮于表面的，如确定是主观题、客观题或某一专题掌握不到位，而是要由表及里，从记忆、理解、综合、分析、评价、运用等维度审视课程内容以及其前后关联。例如，现代文阅读中一道关于叙事视角的题目丢分严重，如果简单地理解了参考答案的意思是远远不够的。学生至少要从三个方面努力：一是关于叙事视角本身的知识，如视角与人称的异同、限知视角与全知视角的效果、参与性视角与回顾性视角的区别；二是由此拓展到对叙事方式、策略的复习，看看自己是否懂了叙事顺序、叙事详略、叙事空间、叙事道具、叙事线索等知识；三是能够用这些手法重新解读教材中的课文，整理做过的高考真题和模拟题。只有这样举一反三，见微知著，才能发挥模考查漏补缺的功能。

以校模的一道默写为例：千古江山，_____。很多学生填"英雄无觅"。我评讲时，一个女生喊道："太坑了！怎么后面还有个'孙仲谋处'！"这种把错误归咎于别人的态度，不利于进步。该生表面上是没注意顿号，是粗心，实则是缺乏语文常识：

第一，不知道句号、问号、感叹号标志着一句话的结束。

第二，默写时只关注了字形，没有关注标点符号、意思和情感。此处用江山的永恒反衬英雄无处可寻，是倒装，意为无处寻找英雄孙仲谋或无法寻觅英雄孙仲谋在的地方。

第三，有同学问：为什么中间硬要用顿号隔开呢？"永遇乐"是词牌，有固定的格式与声律，决定着词的节奏与音律。但根据词的节奏和音律，此处一定要停顿，妥协的结果是用顿号。

一道看似简单的默写题，就可以深究这么多问题，帮助查缺补漏。如果所有错题都彻底弄懂了，学生会豁然开朗，学得有趣、踏实、有成就感。此外，从对一道题的态度也可以看出，要想成绩进步，就必须要探究题目背后的知识、文化，而不是为技巧、套路而抓耳挠腮。

2.明确要提高哪一项。

在有限的时间内平均用力，约等于不用力。学生必须找到自己比较薄弱且有可能进步的那几类题目。例如，学生在文言文学习上往往事倍功半，多半是因为把它当成一门"外语"来学：背注释、实词、虚词，最后可能越接近背过的意思，越容易错。对于这种情况，一定要让学生明白，词不离句，句不离篇，一定要练习结合语境揣摩词语含义的能力，不要单纯地去背注释、词语的含义。学校给予的复习资料《文言实词120条》《五三·实词120》《五三·课内文言字词梳理》等已经足够让文言文翻译获得满分，关键是学生会不会用。要引导学生结合课文和例句理解词义、看着词语回忆例句和词义、寻找同一个词多个义项之间的关联，第一遍搜索出掌握得不彻底的内容，反复复习，及时记录自己的发现和心得。

再如，论述类和实用类阅读失误较多，就要学会抓中心句，通过梳理段落间的联系，把握文章脉络，这样做选择题能够迅速锁定区域，避免断章取义。还要善于总结错误选项在歪曲原意时常用的手段。概括题要练习读题能力，通过分析模考试卷和答案，明白题干与答案之间的关系。不要死套模板，要真正读懂题意。

又如，作文是提升最快的一项。但很多同学误认为堆砌生僻、高端的素材就可以得高分。其实，作文首先是把握材料核心概念的内涵和外延。这可以通过用核心概念造句，找具体材料中核心概念的反义词、近义词、下位概念，从而精准地把握概念，不跑题。如写"智慧"，有学生会立刻想到聪明，然后把所有成功的人都罗列出来以证明他们很有智慧，却没有想过我们常说"聪明反被聪明误"，但从不说"智慧反被智慧误"，说明二者意思不同。其次是说理的逻辑和层次，具体体现为：全文观点明确、一致，分论点能够支撑、展开中心论点；分论点之间确实存在由表及里、由个别到普遍、由果溯因、由已知推测未知等联系。

针对模考中发现的问题，有针对性地提升才会获得长进，最终收获成功。

3. 直面不足，积累考试经验。

面对成绩，引导学生不能简单地说自己慌了、策略失误，也不要觉得往事不堪回首，就匆匆继续赶路，而是帮助学生直面考试中的各种失误——是考前期望太高，还是有偶像包袱患得患失，抑或是跟别人比较，竞争的想法过于强烈。如果自己无法解决，就向有经验的老师或学长请教。我一般会给学生如下建议：

（1）高考真题至少做五遍，既要把握其稳定特征，又能清楚历年变化。考场上要能够判断这套试卷的大致难度，根据难度调整心理预期和做题节奏，不要一看难度大就惊慌失措、六神无主，同时也不要受到考试中别人做题速度、考试之后某些言论的影响。

（2）作答选择题要形成个人的习惯，如做完一大项，就把对应的选择题涂上，不要为了赶进度，最后集中时间去涂。即使是没有把握的题目，也可以先涂上，并在试卷上做好标记，有多余时间再斟酌，以免后面时间紧张，导致忙中出错或忘记，要确保把会做的题目尽收囊中。

（3）对各门学科在规定的时间内做题进度有一个大致规划，这个规划来源于日常做整卷的总结。例如，规划做某道题的时间上限，超过这个上限就立即做下一道题，不要被前面的某道题耽误大量时间，导致后面会做的题没时间做。

（4）考场上留有遗憾实属正常，不要患得患失。要相信，只要方法对、正常做完，不会出大失误。

第三节　有针对性地备考

考试与备考已成为中小学教学的重要内容,班主任一方面要采用多种形式阻止"以考代教"现象的漫延,另一方面要掌握科学备考的规律,从而让学生省时省力,享受成就感。

虽然科任教师给予学生一些备考指导,但班主任的指导也不可或缺。因为班主任有其独特优势:一是能够更全面地了解每个学生;二是班主任可以利用班会课对学生进行精神引领、学法指导、心理疏导,时间上更充裕,方式上更多样;三是班主任更关注一个学生的整体发展,如学科均衡、劳逸结合、动机和方法等,其备考指导带有个人成长规划的性质。

一　针对考查趋势来备考

班主任在自己研究的基础上,可以组织学生甚至家长研究升学考试,包括评价标准、历年真题、可能趋势、评分细则、重点难点。学生很容易凭借经验来判断,如一年简单一年难、必选科目比较简单、文学类文本考小说还是散文等。班主任则要从国家政策、学科之间难度变化、对偏科学生的影响等宏观方面进行研究,让学生杜绝侥幸心理,无死角地复习。作为选拔性考试,高考每一科都有区分度,才有利于高校招生。第一年如果出现不足,第二年必然会矫正,所以不能把不足当成规律。只有把握住大方向,才不会让经验主义和侥幸心理左右学生的复习。另外，班主任还要根据每个学生的特点，帮助他们设计个性化备考方案，如是否参加综合素质评价、学科竞赛、强基计划等。

铃声锻炼心态

有些同学一听到铃声就紧张。我便告诉学生：铃声只是时间的外在刻度，意在提醒大家合理安排时间，你们必须把铃声当成善意的提醒，适应它。为了帮助学生适应考试氛围，我从教务处把"现在分发试卷""离考试时间还有15分钟"之类的录音和高考时的铃声拷贝到班级电脑上，每次学科训练都按高考标准播放。此外，我还组织学生讨论如何利用"分发试卷"到"开始答题"这段时间，在"离考试时间还有15分钟"时如果做完了怎么办，如果还有大量题没有做该怎么办……通过想象模拟多种可能性。经过多次实战演习，学生在高考时便不再慌张。

指导学生高效使用错题本和笔记本

很多学生虽然整理了错题，但同类型的题目还是一错再错。查看学生的错题本并与学生交流后，我发现了问题所在：他们的错题本仅用来记录正确的过程，并没有分析错因；复习时也只是把正确的解题过程或答案浏览一遍。这样并不能把自己的知识盲点和思维误区转变为增长点。于是，我提出如下要求：整理错题时，题干、错误、正确解答、反思与启示要隔开一定空间来写。再次复习时，遮住后面几项，只呈现题干，把它当作新题严格按照步骤写完。既然当初做错，要么方法不熟练，要么有知识盲区，要么计算容易受到干扰，必须亲自动手才能调动相关知识去解决问题。只浏览一遍过程，是用记忆代替应用，真实水平并没有得到提升。

我还组织进步快的同学分享如何使用错题本。有学生说，对错题要做到订正、分析错因、针对性训练、定期重做等步骤；有学生采用当天整理、周末重做、考前再做的"三步错题利用法";有学生每周末将错题按照错因、知识点进行归类,每增添同类错题就把之前的再复习一遍,并将其称为"滚雪球"。经过分享和讨论,整理错题由我规定的要求升级为学生有针对性地提升自己水平的法宝。

很多学生虽然有笔记本,但并不会高效地记笔记,只是简单记录老师的教学内容,课下疲于应付作业,连翻都不翻,记笔记成了一种心理安慰。为了培养学生记笔记的习惯,很多老师会检查笔记本,但有这个习惯并不等于这个习惯能发挥作用。班主任可以集中讲解、演示记笔记、组织同学分享记笔记的方法,学生掌握了适合自己的记录办法,上课只记要点,下课通过回忆、思考补充完整;平时在试卷上订正,课下再总结归纳到笔记本上;课后把笔记和做过的题目对照,回忆老师讲的思路、方法、窍门,学习应用迁移。这样记笔记,经由自己加工、提炼,就会形成个性化理解,将零散的理解系统化。

关注备考细节

在指导复习备考时,班主任一定要关注细节。例如,自主复习时,所学科目尽量与高考相关科目时间一致,调整生物钟。写作业时不准用修正带、涂改液,一经发现立刻没收。这样既可以培养学生一次性做对的严谨性,又避免因高考时无法使用而造成心理不适,影响发挥。要求学生将草稿纸分区使用,避免考试时手忙脚乱,誊写时找不到草稿位置;自习时禁用耳塞,以免习惯了极度安静,考场上被细微的声音干扰,影响状态;每场考试之后不准对答案,以免养成高考不对答案心里不踏实的习惯,也避免影响下一场考试。

第四节 风物长宜放眼量

——从如何做好考前压力管理谈起

高三下学期开始，模考、高校综评、各种形式的百日誓师、成人仪式渲染着高考来临的紧张氛围，加上媒体的推波助澜，家长、老师、学生很难克服焦虑，而家长和老师的焦虑又在不经意间转移到高三学生的身上。因此，高三班主任必须从容淡定，并将这种从容淡定传递给学生。

试卷很薄，生活很厚

对于高三学生，班主任不要总是强调高考这一目标，要通过回忆师生一起度过的时光，让学生感受到高中三年的精神成长。例如，我带领学生回忆我们参与的学校所有大型活动，发现我们成绩斐然——高二运动会，勇夺冠军；高三运动会，在主力受伤的情况下，闯入第三；羽毛球比赛、阳光体育节，成绩遥遥领先；流行舞大赛，获得年级第一；话剧节获得年级第二。再如，我让学生以"忘不了"为题，回忆三年中难忘的细节。有学生写道："忘不了，欣辰、悦辰两道黑色的闪电迸发出的青春魅力；忘不了，流行舞大赛上，我们刚与柔的巨大反差，在瞬间产生的戏剧效果和舞台张力；忘不了，身高183的'王熙凤'，走上舞台的执着与权变。"我告诉学生，高中是培养，是积淀，大学是展示，是起飞。只要学生积极思考、主动沟通，给自己在团队中精准定位，演好自己的角色，无论到哪里，都会找到归属感、幸福感，都会有用武之地。学生也在团队合作中，发现并改正了自己的某些缺点，学会了包容，学会了共处，学会了悦纳自己与欣赏不同个性的人，成为一个更完整的人。这种经历对人生的影响，远远超过一场考试。

针对各类媒体宣传的"第一学历决定论"，我以自身经历来驳斥，缓解学生和家长的焦虑，让他们学会从人生的高度看高考，让他们明白，决定人生高度的从来不是高考，而是自己的态度、习惯、不断自我突破的努力和各种美好品质。这些素质可能通过高考体现出来，并在事业上发挥重要作用，也可能因高考失利而优化，甚至在今后的学习、工作中爆发。所以分数是一时的，个人品质才是关键。

每届高三毕业赠言，我从不说"考的都会，蒙的全对"之类的话，而是说"可以考矬分，不能做矬人"。何谓"矬人"？不仅指那些精致的利己主义者和粗糙利己主义者，还指那些只盯着"分"，忽视自我成长的人，如平时不努力，临考瘫软的人；考好了忘乎所以，然后疯玩，考差后一蹶不振、自暴自弃的人。鼓励学生把精力用在好好考上，考完后信心百倍地开启新征程，始终保持昂扬奋发的精神状态。如果高三因拼搏而无悔，无论结果如何，之后也要继续这种无悔的拼搏；如果高中有遗憾，就痛定思痛，奋起直追。如果有人想一劳永逸，靠一张名校录取通知书吃一辈子，希望越大，失望也会越大。那些小事不愿做，大事做不了，幸福指数极低的人，多半是盲目相信，只依赖文凭的人。大学只是个平台，但决定我们是否可持续发展的不仅仅是平台的高低，更是我们如何在这个平台展示自己，在这个平台上扮演什么角色。后来，很多学生说，自己忘了语文课上的内容，却永远记住了"可以考矬分，不能做矬人"这句话。例如，一个高三因被情感问题困扰，最后擦线过本科录取线的学生因为这句话，不气馁，大一时和高年级一起代表学校参加全国大赛，大三在物理学核心期刊上发表文章；另一个高考差了几分，最后上了南京理工的学生因为这句话，大学期间不但成绩遥遥领先，还频频斩获全国数理竞赛大奖；上河海大学、中国药科大学的几个学生的成绩也是系里数一数二的，由此获得各种优质资源，更重要的是，他们比高中时更阳光，生命的样态更亮丽。

前不久，原来的班长来看我，讲了同学们的很多故事，最后感慨道："高考就那么回事儿，关键是上了大学要真学呀！"

所以，与其说高考重要，不如说高中学习重要；与其说名校牌子重要，不如说能与牌子相称的品质更重要。后者是皮，前者是毛，"皮之不存，毛将焉附"！现在重要的是给高中画一个自然的句号，谱写新篇章。

高考对大学而言，是一次选拔；对学生而言，只是一次历练，是一张试卷换个地方做一做而已。安安全全进考场，认认真真做完题，你就成功了！然后，总结得失，再攀新高。

顺其自然，行稳致远

所谓"顺其自然，行稳致远"，就是不要在临考之前，采取新措施，打乱学生的复习节奏，扰乱学生的心态。虽然高分意味着能选好学校、热门专业，虽然人关注终点甚于过程。然而，哪怕终点近在咫尺，最要紧的也是摒弃顾虑，猛冲上去，而非盯着红线方寸大乱。过分强调高考的运气成分，强调高考对人生的影响，不但于事无补，还容易影响学生正常发挥。从容淡定才能发挥稳定，甚至超常发挥。

别奢望成为"黑马"。所谓"黑马"，主要有两大特点：一是成绩不太拔尖，但从容自信；二是数理化不差，且双语优势明显。前者是别人紧张慌乱时，他正常发挥；后者因高考强调拉开差距而脱颖而出。两类人靠的都不是突击、运气和技巧。"黑马"一词频频出现，很大程度上源于这样的心理：高分者，把结果归于偶然，显得谦虚；"考砸"的人把别人的成功当作偶然，变得释然，显得无辜。

同样，也不存在"考砸"。上百套模拟题做下来，重点、难点、考试策略早已烂熟于心。高考试卷的信度、效度与之前那么多套试卷相比，差别不大，做完就行了。考前有的家长各种"操作"，这些非正常举动在一定程度上也会加剧孩子的紧张。几年前，一个家长慌慌张张地找我，说："我们卜过卦了，孩子连本科都考不上。"我告诉他:"你家孩子正常情况下在本科线往上超10分,只要她正常发挥,那天不出意外,是可以考上本科的。"成绩揭晓,果然达到本科线。家长非常感激,说:"老师你太神了!"我说:"我只是知道孩子的水平罢了。"

我常跟家长说,考前不要帮倒忙,不要逼着孩子多吃多睡,不要打乱孩子的节奏,给孩子传递焦虑感。保持平常的生活,平常的节奏,才能有平常的心态。顺其自然就是最好的状态。

引导理性对待高考

我班上没有"高考倒计时牌"。学生问为什么,我说:"生命的每一天都很珍贵,我们没有必要把赌注押在那三天上。"如果特别想要,可以自己在家做一个自我提醒,也可以在走廊上,顺便向其他班教室瞄一眼。

学生对于高三、高考也有自己的理解,这种理解也体现在作文中。下面是一次习作的题目要求:

> 距离无处不在,或有形,或无形;或天涯,或咫尺;或人与人,或人与世界。距离可以产生美,也可以产生隔膜。

> 阅读材料,自选角度,自拟题目,体裁不限,诗歌除外,写一篇不少于800字的文章。

学生张苏瑞在作文中写下了他对高考的理解。

生活就在此处

在备战高考的最后时光里,每一间教室前面的黑板上都会有这么几个大大的字:"距离高考还有××天"。当我们艰难地走过最后的这些天,走到这距离的尽头,等待我们是"高考"的考场。

然后呢?这距离到底有何意义?家长反复地告诉我们:"你离高考就只有这点距离了,再苦一苦,考完就解放了,你就可以迈入自己的生活里去了。"似乎,这段距离的尽头,便是生活,而在这段距离里,你必须压迫自己,与生活隔离。

然而走过这段距离就是生活了吗?大半从小就接受应试教育的学生,既失去了对知识的热爱,又没有了主宰生活的能力。而依靠自幼培养出的"应付"短期困境习惯的我们,在走到这一所谓"距离终点"之后,很难不陷入空虚与放纵的泥潭,而这又岂是真正的生活?

更不用说,在这之后,生命里必然存在的一系列中长期、短期挑战,还将纷至沓来:谋生、住房、升职……这都不是生活,这只是在紧张地准备生活。

太多的人一直被困在对生活的"准备进行时"中,似乎一直致力于缩短同生活的距离,却见真正的生活遥遥无期。殊不知这实质上是自己对生活的主动放弃。

这样的准备生活绝不是生活,真正的生活应为自己而活,应享受当下的每分每秒。这一点,电影《无问西东》中梅贻琦校长的话说得很清楚:"你看到什么,做什么,听到什么,和谁在一起,有一种从心灵深处满溢出来的不懊悔也不羞耻的平和与喜悦。"

很显然,人们对于同生活距离的错觉来自于理想生活(很多人对理想生活也有所误解)同现实里实际的生活之间的分离。无疑,现世里的生活多数是极不完美,甚至是平庸的。但对于这一荒诞的反抗并不要求我们同生活本身拉开距离。相反,成为一名荒诞的反抗者的前提,便是时刻保持有"生活"的意识,从而能够为生活奋战,而不异化为生活的对立面。

如罗曼·罗兰所言:"心灵的致命的仇敌,乃是时间的磨蚀。"此处所言心灵的力量,即自生活的意识而始。为抵御在穿越时间之距离时对心灵的损耗,茨威格在小说中再三颂扬激情,以对抗平庸:"除了强烈情感之外,什么都与不朽无缘。"

是的，人们仍会觉得反抗的过程是令人"恶心"的，难以爱上这样的生活。想想加缪笔下的西西弗斯吧："他知道他是自己岁月的主人……攀登山顶的拼搏本身足以充实一颗人心。应当想像西西弗是幸福的。"王开岭曾言："每个人都生逢其时，每个人都结实地拥抱了自己的时代。每个人，都在厌恶与赞美、冷漠与狂热、怀疑与信任、逃避与亲昵中完成了对时代的认领。"他说的是对时代，对生活亦然。

想来，似苏轼"吟啸徐行"，似米兰·昆德拉笔下卡莱尔的妈妈认为"坦克是易朽的，而梨子是永恒的"，备战高考这段距离未尝不可以多姿多彩。

兰波语："生活在别处。"不，生活就在此处——因为没有道路可以通向生活，生活与你零距离。

从容淡定，关注孩子心态

考前如果遇到突发情况，班主任一定要从当事人的角度考虑如何才能让其放下"包袱"。

某年高考前一天，一位同事说："昨晚有四个男生在实验楼玩电脑，被校长抓住了，其中两个是你班的。""谁？"我问。"我不认识。别问了，以免影响孩子明天考试。"同事说。我猜其中必有小B，但另一个是谁呢？我在脑海里搜索着，就是不确定。不行，一定要问清楚是谁，如果我是这个学生，临高考被校长抓住，一定会忐忑不安，影响复习，甚至考试。小B具有泰山崩于前而不变色的心理素质，一定没事。另一个人我一定要查出来，好心中有数。于是我找到校长。校长说："他们一开始不说是几班的。我向他们保证不告诉班主任，才说了。你就别找他们了。"我说："我要心里有个底，避免出差错。"校长看了看值班记录，果然有小B，另一个竟然是小D，我有些意外。

怎么办？小B心态好，家长容易激动，就按校长的要求，等考后再说。小D大考容易紧张，表面上大大咧咧，内心却非常敏感。他违纪之后，如果不知道处罚结果，一定担心被我知道，他会内疚，会惴惴不安。我只有让他放心，他第二天才能正常考试。虽然按领导的要求，装不知道，我最安全，但这可能会让小 D 承受双重压力。我前思后想，准备先跟小 D 妈妈商量一下。小 D 妈妈懂孩子，信任老师，虚心好学，她的建议很重要。电话中，小 D 妈妈说："我就感觉他不对劲，坐立不安，原来是这事。我觉得老师说得对，应该先让他卸下'包袱'。"于是，我在电话中告诉小 D："我昨晚到学校来，看到你们在和一个领导交流，到底发生了什么？"他直接承认了。我说："这虽是违纪，但没什么危害，考完后补份检查就算了。"下午，我回访小 D 妈妈，她说："孩子平静多了。"对于敏感多疑的学生，消除顾虑更重要。

6 月 7 日考完，小 D 妈妈微信我："孩子发挥很好，尤其是语文，没有超出南师附中讲义的范围。"24 日成绩揭晓，131 分，小 D 三年来最好的成绩！

6 月 6 日下午，学生看考场。有一年下午 3 点，我来到某中学门口，发现校门口上演了一场盛大的"旗袍时装秀"：陪同的一些家长穿着各色旗袍，寓意"旗开得胜"。在最后一次家长会上，我曾反复强调：一切如常，不吃大餐，不穿寓意服装，不组织亲友团助阵。此刻，看着衣着普通的我班学生家长在炫目的服饰场中走过，我开始反思，自己是不是管得太宽了？

等到最后一批学生离开，我骑车沿江兜风。突然，我收到一条微信："老师您好，我是小 Y，很抱歉打扰您。我爸爸因为之前看考场时拒绝妈妈让他送伞的要求，言辞很不恰当，我提醒他，他很生气，还和我们吵了一架，摔门走了……我不知该怎么办。"

清官难断家务事，敏感节点，多一事不如少一事。但是，这个学生不顾家丑外扬，向老师求助，一是信任老师，二是极其无助。虽然有风险和难度，但这个忙我不能不帮！印象中，小 Y 的爸爸正统厚道，人不错，于是我立刻拨通小 Y 爸爸的电话，问："老哥，您在哪里？"

"我在 ×× 宾馆楼下散步。张老师有事吗？"

"您心情不好吧？小 Y 很担心您。"

"难道小 Y 跟你说了？气死我了！半个月来，我怕她闹情绪，千方百计地顺着她。今天，这孩子也太不像话了，我没忍住……"

"我离那个宾馆不远，现在过去陪您！"

"谢谢张老师，我正觉得憋屈呢。"

我骑车赶往宾馆，在楼下见到小Y爸爸，他从自己的角度把事情描述了一遍，自责道："我这次没忍住，也不好意思上楼！这孩子从小就叛逆，到你班上才被镇住。在家里仍然太自我，不知长大了什么样？"我说："孩子有主见是好事，性子要慢慢磨，从小就圆滑世故肯定没出息。孩子给我发短信说，特别牵挂你。我们上楼去吧，我来教育她。"于是，我们来到他们租的房间。小Y泪眼婆娑，又开始指责爸爸，妈妈在一旁唉声叹气。我看着豪华的房间和山下美景，问小Y："这房子不太好订吧？"她擦着泪说："不清楚，都是我爸忙活的。"爸爸给她披了件衣服，她挣扎了一下接受了。看来没事了。我开始盛赞他们一家人感情多么好，感谢小Y对我的信任，笑着说："看来咱们果然很铁！"小Y笑了，我也该走了。

回家躺在床上，回忆紧张的这一天，感到很有成就感。这时手机振动，是S爸。"张老师，L、S、W准备明天考完数学后到学校对答案。我担心影响后面的考试，麻烦您再发个通知制止一下。千万别说是我告的密啊。"从一模开始，我就禁止学生考后对答案。模拟不仅是模拟题目，更是模拟备考策略和应考心态。看来这几个孩子还是没听进去我的话。记得有一次W对完答案，心情很沮丧，我安慰了很久才好。怎么办？此时又不能批评他们，于是我在家长群里发了条消息，再次提醒学生每场考完后，径直离场，不要交谈考试内容，不准到校自习，我会到校检查。

平时倒头就睡的我，那天怎么也睡不着，于是逐一翻看学生的QQ动态，并在心里祈祷：希望孩子们都正常发挥。突然，一条微信弹出来："张老师，您好，我是小Y的妈妈，昨晚的事情真是幸亏有您！我当时脑子都不转了！还是小Y第一时间想起了您。经过您及时有效的处理，她平静了下来，昨晚11:30上床，一直到现在都很安稳。我睡了一个小时后就再也没能睡着。很是抱歉打扰您！小Y碰到您，真是太幸运了！"一看时间，6月7日凌晨3:13。

第七讲　如何指导学生复习备考

高考是高中生活中学业成绩的一个检验，不是高中生活的全部。高三班主任面对来自各方面的关注，出于对学生未来的负责，不可能没有压力。但是，我们必须明白，压力控制在合理范围内才可能转化为动力，绝大多数学生面对高考，不可能泰然自若。我们必须用理性来控制情绪，不能一味地加压。要在紧张的复习中穿插文体活动，把握好节奏，要让学生能从当下跳出来，从人生的高度看待高考。做最坏的准备，向最好的方向努力。

第 八 讲

如何处理家校关系

第一节 边界意识和专业素养

社会转型期班主任的现实角色和理想状态之间存在很大偏差。所谓理想状态，即教育理论和法律法规层面，班主任是一个班级的组织者、领导者和教育者，也是全体任课教师的协调者、促进学生身心发展的重要他人、家庭教育的引导者。而在现实层面，有些家长把班主任当作保姆、雇员，视为按照个人意愿帮助自己管束、照顾孩子的工具，经常提出一些过分要求。班主任难以凭借一己之力满足家长们多元甚至彼此相反的要求。班主任要想发挥应有的作用，就必须明确家校的责任边界，提升自身专业素养。例如，在接班之初，就要向家长亮明立场：学生之间学业、品德方面的差异与孩子的先天素质、家教方式都有关系，不能一味地苛责学校；亲子关系、生活习惯是家庭教育的内容，学校可以指导，但不负主要责任。

班主任只有充分依法依规甩掉那些属于家庭的事务，才能集中精力进行班级建设，引领学生精神成长，班级发展才会卓有成效。这些成效又可以提高班主任的威望，从而更有效地实施家庭教育指导权，形成良性循环。如果家庭责任和学校责任的边界模糊，班主任经常被家长指派提醒孩子吃药、代领生活用品等琐事，就没有时间和精力研究学情、备课、读书，被驱赶得像个飞速旋转却位置几乎不变的陀螺，费力不讨好，费时无效果。

有时一些似是而非的"教育名言"严重误导着家长，破坏了家校关系。例如，曾经有位家长跟一位年轻班主任交流，起因是他家孩子经常迟到、上课吃零食、做小动作。家长不但不听老师的建议,还指责老师:"孩子聪明伶俐,到了这个班成绩就变差了。俗话说,没有教不好的孩子,只有不会教的教师。"我当时就在旁边,实在听不下去了,就插嘴说:"您这话说得对,但这里的'教师'包括所有对孩子履行教育责任的人,家长是孩子的第一任老师。不能把他迟到、上课吃零食都归咎于现任老师吧!"家长哑口无言。

不少家长跟我沟通时,经常这样说:"老师您多表扬、鼓励。我家孩子是'顺毛驴',一表扬,积极性就高涨,一批评就破罐子破摔!"我往往会严肃地提醒:"您不应该向老师提供方法指导。请您来是因为孩子违纪,您要配合教育。作为监护人,您应该首先查找自身原因,而非提醒老师。批评还是鼓励,由老师依据孩子的性格、表现而决定。表扬的前提是,孩子有亮点,将其放大,鼓励他再接再厉,而不是纵容他躺平摆烂、违反校规校纪。孩子经常违纪,还表扬他,这不是纵容吗?您不应索要表扬,而是先让孩子有亮点。表扬和批评都是老师合法的工作手段,家长无权指挥。如果您觉得孩子需要表扬、鼓励,需要表述或展现他的优点和进步,而不是直接提供指导。"家长理屈词穷,连连称是。

上面两位家长存在的共同问题是角色错误:认识不到自身责任,把孩子的错误推到班主任身上。

家长"旁观者清",关注、参与学校教育,固然可以促进班级建设。但是,这种参与应该是在彼此责任边界清晰的前提下。当下,一些家长以消费者、监督者、管理者而非合作者的身份自居,对班主任挑剔、指责过多,而理解、尊重较少。一些家长的诉求常常偏离立德树人宗旨,多以自我为中心、功利短视,且相互龃龉。有时会出现同一班级几十个家庭的诉求均不同,家庭成员的内部诉求也不尽相同,甚至同一个家长在不同时间、不同心情下的诉求也不相同。

班级管理要争取家长的支持,但如果班主任边界失守,失去话语权,教育就会因被"绑架"而偏离轨道。树立边界意识需要做到以下几点。

区分"参与"与"干涉"

一些家长渴望参与班级活动,对此班主任不要排斥和逃避,也不能图省事,放手交给他们,而是明确哪些是家长的事,哪些是师生的事,以及参与的时间、方式和程度。学校德育处和班主任应该在班级组建之初,利用家长会、QQ群、微信群、书面交流等形式告知家长参与班级的"边界"。这些要求要依法依规,符合教育学、心理学原理,目的是利用首因效应,在关系确立之初,明确班主任的班级组织者、学生精神引领者的地位,将家长的"积极参与"纳入学校统一安排之下。当然,语气上要诚恳、理性,不要给家长专横跋扈之感。家长参与班级建设的前提是和班主任一起落实立德树人根本任务,为班级提供智力、资源等支持。"参与"不是"干涉""代替"。家长不能代替班主任行使职能,不能公开对班主任的合理行为提出质疑或反对,更不能主导班级事务。

从范围上,家长的参与应限于班级建设层面,而不涉及教师管理、课程设置等学校层面的问题。即使是班级建设层面,家长也仅仅可以在班规制定、活动策划等方面提一些合理化建议,不能干涉班干部的任用、评优评先、排座位等执行层面的问题。这些工作须由班主任组织学生按照相关规定和民主程序完成。

从时间上,按照"无知之幕"理论,家长参与班级管理的权限应在班级组建之初确定。也就是说,家长在参与管理时并不知道自家孩子未来发展情况怎样,无法为自家孩子牟利。例如,值日是每人一天还是一周,考虑到家长接送孩子的时间问题,可以先征求家长的意见;联系活动场地、利用专业特长在文体活动中提供指导、做好大型活动的后勤服务,都可以请家长帮忙。如果家长直接与学生接触,班主任有必要交代注意事项,请家长关注不同学生的感受,明确自身角色是配合班级工作,协助班主任工作,不要越俎代庖,喧宾夺主。

处理不好边界问题,会导致个别家长的意志渗透到班级工作中,与立德树人的教育任务相违背,甚至会因不同家长之间观点分歧,影响师生关系和同学关系。过分干涉班级事务的家长可分为自私型和自是型两类。前者试图通过参与班级事务，或拉近自己和班主任的关系，或控制班主任，为自家孩子争取更多的关注和机会；后者多为学历高、事业有成的家长，他们自以为理念先进，直接干预班级事务，或动用社会资源向学校领导施压。过分干涉的后果是，班级管理失控，班规形同虚设，班级由学生生命成长场所异化为利益争夺的权力场，与教育的初衷背道而驰。

守住边界的关键是提升自身专业素质

守住边界的关键是班主任的态度、人格、理念、能力让家长放心，即自身专业素质过硬。班主任的专业素养除教育理念和学科教学能力之外，还包括积极健康的心态，公正无私的道德品质，灵活运用教育学、心理学、管理学等相关知识解决实际问题的能力。这些都是赢得家长信任与支持的保证，也是家长认同边界意识的前提。否则，家长即使不直接干涉班主任的行为，也会通过各种方式向班主任施压来达成个人意愿。

班主任的专业素养体现在三个方面：

一是可以发挥家长无可替代的教育功能。例如，同样是"爱"孩子，师爱相对于父母爱，更侧重精神成长，更理性、长远，更关注社会性，注重从终身发展和融入社会的维度引导学生进步。从这个意义上讲，"爱生如子"未必是好事。如果班主任按照家长的意愿教育孩子，学校教育就会沦为家庭教育的附庸，失去了其独特价值。

二是班主任的教育行为应有章可循，有理可依。既然家长有参与学校管理的权利，班主任就必须通过专业素养获得平等对话中的首席地位，主导合作交流的走向。首先，哪些事务由班内民主决定，哪些事务按照法律、法规和校规决定，班主任要了然于心，行之有据。例如，不能对疑似有偷盗行为的学生搜身，不能投票选出不受欢迎的同学等。其次，在处理问题时，班主任不能仅凭经验，而要善于用心理学智慧、教育学原理。例如，学生学习不认真，家长希望班主任多鼓励，帮助其树立自信，而班主任从专业角度认为，信心必须建立在个体的成功体验基础上，而非依赖别人的廉价表扬，因此，通过引导督促该生列计划、归纳整理错题，帮助其提高成绩，建立信心。如果班主任能够将经验和相关知识结合起来，对学生的优缺点精确诊断，搔到痒处，与学生沟通可以深入高效，激发自我发展的动机，家长就会感受到班主任的办法更科学、更有效，自然不会越界干涉。

三是用"民主"和"法治"治班，从源头上杜绝家长"势力"的渗入。在班级建立之初，班主任可组织学生制定班级公约。班级公约应该在尊重个体建议的基础上集思广益，由所有学生参与讨论，反映不同层次学生的诉求，最后全班同学民主通过后生效。其内容要涉及惩戒制度、奖励制度、评优评先、座位安排、班干部的选举与职责等。班级公约没有涉及的事务，由民主决定。在公开透明的管理机制中，家长明白班主任不是资源的分配者，仅是规则的执行者，从而减少对班级事务的干涉。

规范家委会职责

《教育部关于建立中小学幼儿园家长委员会的指导意见》中规定："学校组织家长，按照一定的民主程序，本着公正、公平、公开的原则，在自愿的基础上，选举出能代表全体家长意愿的在校学生家长组成家长委员会。"并明确了家委会的职责：参与学校管理；参与教育工作；教育沟通学校与家庭。然而现在，一些班级的家委会，职责并不明确，他们有时会组织班级骨干分子聚会，发表对班级管理的看法，形成小团体，一起向班主任提意见，甚至有的还要求换老师；他们密切关注网上关于本校本班的信息，以缓解自己的焦虑，但在传播信息过程中又会制造焦虑，甚至有架空班主任、指导班级工作的势头。

家委会一方面起到志愿服务、监督办学的作用，另一方面容易被集体无意识裹挟，导致教育法规和规律被搁置，立德树人的宗旨被弱化，办学方向被少数有闲暇且鼓动能力强的家长所操纵。一些老师提及家委会，或恐慌，或不屑，但其作为一股活跃的力量，时刻有可能与班主任们碰撞。

　　为了让家委会的职能与班主任工作相协调，我曾经做过完善班级家委会的尝试。例如，我会在家长群里公布成为家委会成员的条件：有时间、有精力、有热情、有理念。前三条由家长自荐，但"有理念"需要通过观察和测验——观察家长如何与老师交往、如何与孩子沟通；测验家长将教育阅读转化为教育策略的能力。测验成绩达到所有家长的前30%，才可以进入家委会。这样就可以确保家委会成员是热心家长和理性家长的交集。有意加入家委会的家长会抓紧时间读书，学习理论，丰富自己，这样便可避免那些不懂教育、只想操控学生或谋取私利的家长的加入，也促使家委会实现升级。

　　这也传递了一个信号：家委会是在班主任的领导下配合学校工作的组织，其领导权属于懂教育、能把握全局的班主任。这些家长由于是经过选拔出来的，有自豪感，同时也有说服力，做事执行力强。

　　边界意识的核心是"你的事归你，我的事归我"。教师和家委会是合作的关系，但合作的前提是各自独立且责任明确，即教师不干涉学生家庭中的隐私，家长不指挥班内工作，即使提建议，也是以请求而非命令的方式进行。"当我们不尊重他人对问题的所有权，把别人的问题当成自己的，我们就是完全弱化了他人的存在，而把自己当成了主角。"[1]这句话不仅适用于家长和教师，也适用于学生。

---

[1] 乔治·戴德.自我边界：告别"浆糊逻辑"，科学地坚持自己[M].李菲，译.南京：江苏凤凰文艺出版社，2019：27.

第二节　家校如何有效沟通

战略性合作伙伴关系

有位教育家把班主任和家长比喻为战略性合作伙伴关系，我觉得非常贴切。"战略性合作伙伴关系"是一种基于高度信任、伙伴成员间共享竞争优势和利益的长期性、战略性的协同发展关系。

战略性合作伙伴意味着还存在伙伴之外的研究对象，这个对象就是学生。学生是独立的个体，在人格、精神上既不附属于家长，也不附属于班主任。学生，是家校双方合作的必要前提。对于学生，家长和学校双方既不要大包大揽，也不要相互推卸责任，否则会导致家校双方权责不清。例如，孩子品学兼优，学校强调自己科学指导、真情付出，家长则认为自己基因优良、教导有方；孩子不思进取或品行不佳，学校就会归咎于原生家庭的问题或缺陷，家长则埋怨班主任不能因材施教，无法点石成金。双方都忽视了学生个体差异，且都根据个人需要，将学生的发展情况片面归因，其后果是相互龃龉，不能通过真诚合作了解和助益第三方——学生。家校双方必须明确，学生是独特的个体，虽然其成长与家庭、学校有关，但如何从家庭、学校中汲取有益资源，则是学生自主选择的结果。战略性合作伙伴关系有助于提供更好的资源，影响学生做出最佳选择。

有人说，"老师的任务是教书，而育人必须靠家长"，这句话是将老师弱化为知识的搬运工和升学加油站;"知识我们家长不懂,我们只能做后勤保障",这句话则是将家庭弱化为宾馆。这两种观点都是不准确、偏颇的。健康的家校关系不是相互依赖,而是相互补充,双方应该在从不同角度研究学生的前提下,交换意见,达成共识,然后分别利用各自优势,采用有针对性的策略点燃孩子全面发展、主动成长、自我规划的愿望。具体分工要结合亲子关系、师生关系、班主任和家长的见识、心态、专长进行。

具体而言,家庭属于私密空间,侧重于物质保障和情感支持;学校属于公众空间,侧重于精神引领和理性指导。但对于家庭中缺少关爱的孩子,班主任需要多些关爱;如果家长擅长给孩子以精神引领,班主任适当给些鼓励便可以。

重视电子邮件的沟通

现在家校沟通十分便捷,电话、短信成为班主任最常用的沟通方式。电话沟通的优点是回复及时,如学生突然摔伤、情绪失控,一个电话就可以说明情况。但其缺点也不容忽视。例如,不能留痕,容易遗忘;电话沟通时需要临时组织语言,思考不深入,表达往往欠准确;沟通的结果也来不及整理、记录,不利于深入的思想交流。另外,电话对主动一方在时间、空间上都比较便利,而接收一方则可能因时间紧张、环境嘈杂、心情不好等原因,影响交流的效果。短信交流包括手机短信、微信留言、QQ留言等,适用于无须立即回复的简单问题。如果是复杂问题,此方式就不太适用,因为它脱离了具体情境,没有神态作为补充,而由于语言的多义性和阅读者的立场、角度不同,双方都会根据个人的生活经验猜测对方的意图,容易造成误解。

见面沟通是双方约定时间,面对面交流的一种方式。其优点是可以约定双方都充裕的时间,准备充分,围绕特定专题展开深入交流。另外,因为伴随着态势语的交流(能看到对方的神态、气质、肢体语言),不会产生误解,容易建立相互信任的关系。所以班级建立之初最好有一次面对面沟通,便于班主任对学生、家庭有一个深度了解;如果发生违纪、同学有矛盾等严重问题,最好也能面对面沟通一下。

电子邮件沟通是容易被忽略的一种沟通方式，但其有着独特的功效。一是因为电子邮件不像电话沟通那么方便，家长在把想法、建议、诉求写成文字的过程，本身就是对自己情绪、思想再审视的过程，容易平复心情，理性表达，考虑更为全面。很多时候，家长本来有困惑的，在将自己纷乱的思绪以文字的形式表达时，便想通了，或明白了这个问题班主任也难以回答，于是自我治愈，自我解决，就不再需要和班主任交流。二是书面表达的话题集中，不重复、啰唆，表述更为严谨、精确，便于班主任理解家长的核心诉求或主要观点。多数人对文字都比较敬畏，力图让白纸黑字能够证明自己的水平，体现个人素养，因此反映的问题都是深思熟虑、理性思考后的结果，更值得班主任重视。三是书面表达比微信的篇幅长，比电话沟通容易保存，给彼此认真思考的时间，对方不会像电话回答那样仓促，而是精心准备、反复思考，选择充裕的时间认真回复，且回复的内容也便于保存，可以反复阅读。四是对班主任而言，书面交流内容就是工作的痕迹，也是自己成长的足迹，抽空看看这些书面文字，可以再现多年前学生、家长的成长轨迹，也有助于自我反思、自我提升。

班主任可以在家校沟通中选择并建议家长根据需要选择合适的沟通媒介，建议多用电子邮件交流。

第三节

班主任如何和家长沟通

在家校沟通中，班主任除了具备专业素养，以赢得家长信任，为家长排忧解难，还要具备共情力，能站在家长的角度看问题。共情力，能更关注、理解、体察家长和学生的处境，拉近关系，避免隔阂，更有效地解决问题。事实上，家长无论表现得多么强势、傲慢，甚至蛮横无理，其背后都是焦虑和无奈。正是因为个人无计可施，才苛责学校；正是因为难以承受转学付出的代价，才与本校老师争辩。因此，具备共情能力，是家校沟通的关键。

冷处理，留给对方反思的时间

与家长沟通时，班主任既要力避冲突，又不能无原则地妥协。面对个别"刺头"家长，班主任一方面要保持理性，学会"冷处理"，给家长留有反思的时间；另一方面要对孩子保持"热心肠"，用真诚消除误解，赢得家长的理解，将"刺头"转化为"教育伙伴"。

某天下午，历史老师气呼呼地来找我。原来，历史课上，突然响起一阵手机铃声，历史老师根据声音来源和学生表情判断，应该是小嘉的，但她拒不承认。我听后大为恼火，因为我曾经再三强调不准学生带手机进教室，现在竟有人置若罔闻。我一定要查个水落石出，以儆效尤。但理性告诉我，不可轻举妄动。因为小嘉性格内向怯懦，更重要的是，她的家长是个"刺头"。记得开学第一天，她妈妈就违反校门口 50 米内不准停车的规定，不但不听劝告，还与值班领导发生冲突。为了避免激化矛盾，我决定从长计议。经调查，周围的同学都说是小嘉的手机响了。同桌小李说，听到响声，小嘉的神色很慌张，立刻把手伸入书包关机，然后若无其事地望着历史老师。我找到小嘉，她一脸无辜地说："我早就关机了。"我告诉她，知错就改就是好同学，拒不认错只会给老师和同学留下坏印象。

这是班级组建以来第一次违纪事件，处理的方式和结果影响着班主任在学生中的形象，也影响学生对纪律的尊重程度，学生都在看我如何处理，我不能就此罢休。于是，我打电话给小嘉妈妈，请她看看手机上是否有未接来电。不料，我还没讲完，就被打断："哎呀，多大的事呀！我家有好几个手机呢，我女儿低调不愿带到学校去。她老实、胆小，你可别吓着她！"我虽然有心理准备，但还是怒不可遏，就严肃地说："我查这件事也是为孩子好，请您配合，不要溺爱孩子。"对方声音突然提高："溺爱？我还觉得溺爱得不够呢！真担心女儿上了大学我们溺爱不着了！我告诉你，我女儿要是受了委屈，我跟你没完！"

我努力克制愤怒，保持沉默，任凭对方尖锐的声音通过电波撞击着我的耳膜。几分钟过后，她开始冷静下来，说："老师，我家女儿平时说你好，认真负责，讲课生动。手机的事你可不能逼她……"我一边倾听，一边揣摩对方的心理：她威胁我，是怕孩子挨批评；她转变态度是怕我记恨，冷落或刁难孩子；她表面上蛮横嚣张，实际上是担心孩子受伤。这是一个处处用自己的羽翼保护孩子但没有长远眼光的家长。沟通难以奏效，只好冷处理。

此后两个星期，我没有追究此事。家长觉得不对劲，就请熟人跟我打招呼，让我照顾，我没有理睬。又经过一个多星期的观察，我发现了小嘉的一些优点，便不失时机地表扬她。觉得她和我关系近了，就和她谈了一次心："每个家长都疼爱孩子，你学习很好，知书达理，觉得这两件事你妈妈做得对吗？"小嘉说："她太惯着我。"我说："温室里的花朵难成参天大树，只有在风雨中成长的人才能挺立于风雨之中。老师这段时间一直在琢磨怎么让你这个聪明的孩子变得更坚强、自信。我们一起努力好吗？"小嘉脸上露出了笑容，说："好的，谢谢老师！"

小嘉意志薄弱，知难而退，学习完全凭心情，我鼓励她参加学校 1500 米长跑比赛，她怕跑倒数第一，给班级抹黑。我说："就是想让你锻炼一下，即使是倒数第一，我也为你加油！"小嘉认真练起了长跑，最后虽然没进前八，但结果远超她的预期。她非常高兴，家长也打来电话："张老师，谢谢您，我一直担心您会放弃小嘉。她说，您不计前嫌，一如既往地对她好，特别是这次 1500 米，让她亲身感受到毅力的作用。"小嘉胆小，我就请她担任高考志愿者，体会高考氛围，锻炼其心理素质，高一期末，她考了年级第 15 名，家长跑到学校当面致谢："老师，我女儿最近阳光多了，我们非常感激。实话告诉您吧，她上初中的时候，我和她很多老师都吵过架。但是经过一年的交往，我觉得您是真心为了她好。谢谢您，以后我听您的。"

从此，小嘉的妈妈经常主动询问孩子的学习情况，我也借机不断向她强化我的教育理念：真正爱孩子，不是替孩子承受苦难，帮助孩子扫清障碍，而是锻炼孩子独立解决问题的能力，使其意识到自己的力量。经过深入沟通，小嘉父母和我真正成了"战略性合作伙伴关系"。后来，小嘉以优异的成绩被心仪的学校录取，性格也变得阳光自信，在大学还进了学生会。现在小嘉父母还和我保持着联系，我们成了真正的朋友。

类似的事例还有很多。女生小月是班上的组织委员。一次开班干部会，我提醒班干部们注意学习。第二天早晨，政治老师告诉我，小月已经连续三天没有交作业了。于是晚自习我找她了解情况，告诉她如果作业实在多，做不完，可以选有些难度的主观题做，不要连续不写某一学科。她一脸不悦。到了晚上，我收到她妈妈的一条短信："张老师，孩子在这个阶段，比较在意老师和同学，老师的鼓励和家长的认可，是孩子的最大动力。"

家长在不问明原因的情况下，听孩子的一面之词就给老师下命令，让我非常愤怒。我打电话过去，她说："孩子一回来就哭，说昨天约谈，今天又约谈，天天施压。这还没到高三呢，真到了高三，日子怎么过呀！我家孩子不适合压力大。"我说:"家长,您知道我为什么找她吗?昨天是召集所有班干部开会,今天是因为她连续不完成作业,我为了了解情况。您为什么不能先给我描述一下孩子回家的反应,以及她是怎么描述的,再向我询问孩子的学习情况呢?您应该尊重老师的专业性,咨询我下一步该怎么办。我知道孩子压力大,自然会调整沟通方式。现在您在我毫不知情的情况下,直接给我下一道命令,您觉得我会舒服吗?我什么时候鼓励,什么时候纠正不足,应该根据孩子的表现。她不交作业,我再鼓励,会让她觉得是一种讽刺!"

她说让我理解一下做母亲的心情,看到孩子难过,她自己也难过。我说:"我理解。您看《非暴力沟通》了吗?第一步是观察,了解情况,而不是提要求、发泄情绪。"

事后,我也进行了反思。在一两周内,我对这件事采取了冷处理。某日,我收到了小月妈妈的QQ留言:

> 张老师早!这两天我也反思了,在跟老师的沟通中,自己太过想表达自己的意思,态度和语气都有问题,没能认真听老师分析,性子太过着急了。这里真诚地跟您道歉,请老师不要放在心上。我知道老师和我们的出发点都是一致的,都希望孩子好,成绩进步。后期我会跟孩子沟通,让她知道老师的良苦用心,努力学习,感恩老师!

这两个案例给了我一些启发:

1. 面对"刺头"家长,班主任一定要将对孩子的教育和与家长的关系区别开。班主任是学生精神成长的指导者,无法选择学生的智商、性格、家庭,因此应该平等地对待每个孩子,使之在现有基础上变得更好。不能因为家长的态度恶劣就冷落甚至刁难孩子。无条件地爱所有孩子是班主任的基本素质。小嘉妈妈在家庭教育和为人处世上存在不足,并和我发生过两次不快,但我始终保持"热心肠",一如既往地关心小嘉,这是家校关系走向良性循环的关键。

2. 在和"刺头"家长的交往中,班主任要控制情绪,敏锐地捕捉对方关注的焦点，借以转化关系。有研究显示，两个人沟通，70% 是情绪，30% 是内容，如果沟通情绪不对，那内容就会被扭曲，所以沟通内容之前，情绪层面一定要梳理好，不然误会只会越来越深。因此，在发现小嘉妈妈情绪失控时，我选择了沉默，终止诉求，给她较长的稳定情绪的时间。家长冷静之后，会为自己的不当言辞而后悔。如果据理力争，就会剑拔弩张，不欢而散。另外，透过家长的不当言辞，我捕捉到家长最核心的诉求是不要让孩子受伤害。因此，我下一步工作的重点就是，让家长感受到自己的孩子不但没被冷落，而且还一直受关爱。至此，误解消除，家长和老师的关系走上良性轨道。

3. 在转变"刺头"家长的过程中，孩子既是受益者，又是重要媒介，只有班主任的教育促进了孩子的身心健康，和家长的沟通才会顺畅有效，只有沟通有效，才能形成合力，促进孩子健康成长。因此，与家长沟通必须双线并进，循序渐进，不要期望立竿见影，一蹴而就。

面对"刺头"家长，"热心肠"是班主任的职业道德，"冷处理"是班主任的专业技巧。两者结合，再不理智的家长，也能感觉到班主任的真心付出，也会成为家校合作中的伙伴。

共性问题，公开讨论

很多家长把自己的责任理所当然地安排给老师，如"××忘带茶杯了，我送到传达室，请老师通知孩子去拿""请提醒××吃药，我怕他忘了""老师问问她肚子还疼吗？如果疼就给我打电话"。原则上，学生进了校门，班主任只对学生负责，没有义务帮家长处理这些生活上的问题，但是不管，家长会有意见；管，此类琐事会越来越多，又分身乏术，容易耽误事。对于这些共性问题，我会在家长群里组织讨论，让家长意识到：家庭问题不要让老师来解决。

10年前，我带的一个班的学生在开学不到一周，身上的缺点就一一暴露出来了：值日不认真、无视地面垃圾、参与班级活动不积极……这让我意识到，相对于往届孩子，这个班的学生似乎在独立性、利他精神、责任意识上表现较差。在家访中，我发现很多孩子的妈妈是全职，她们对孩子过去的辉煌和自己的教育经验津津乐道，却无视其缺点，认为当下孩子的任务就是集中精力考高分，其他的事情家长可以代办。

一天晚上 10:30，我已经到家，却接到小伟妈妈的电话："张老师，打扰您了！您可以到学校开一下教室的门吗？孩子的作业没有带回去。我帮他来拿，但没有班级钥匙。他做不完作业会发脾气。给您添麻烦了。"可怜天下父母心，我急忙赶到学校，小伟妈妈像个做错事的孩子赔着笑脸，连声道歉。我提醒她：孩子的事情让他自己负责，每天的作业记在一个本子上就不会忘了。家长说："学习太紧，怕耽误他时间，只好我代劳；初中三年都是我帮他整理书籍，他自己忙不过来。"

第二天，小伟迟到了。我正准备打电话询问原因，就收到家长的短信："由于我们的原因，孩子迟到了，请原谅！"一个星期以来，我已经收到三四个不同家长发来的类似短信，自责的背后是无原则的袒护。我意识到：孩子们身上的小毛病，折射出了家长的大问题。不改变家长的教育理念，单凭班主任的一己之力，难以取得教育效果。错失班级建立之初的最佳教育时机，班级很容易沦为分数竞技场，不利于学生生命成长。而因为迟到、值日等小事就约谈家长，势必会让对方觉得小题大做，导致误解甚至矛盾。

经过深思熟虑，我针对这件事写了一篇短文《到底是谁的错？》，发到新建立的班级家长群里。

孩子没按时起床到底是谁的错？ 16 岁是否应该有能力独立完成按时起床之类的事情？在这件事上，父母充其量起提醒、督促的作用，绝不负主要责任。人到中年，上有老下有小，肩头有工作，已经非常辛苦了，如果再把孩子的错误往自己身上扛，会不堪重负的。重要的是，这样教育出来的孩子成不了支撑家庭的脊梁。上学、就业、结婚、生子，这个过程中的诸多问题如果都依赖父母来解决，且不谈养儿防老，简直成了"鞠躬尽瘁，死而后已"。

事实上，很多家长为了让孩子学习更好，将来更有竞争力，替孩子包办一切。这样的温室花朵怎么能在风雨中长成参天大树？独立生存都难，何谈服务社会？往届一个男生，上高二了还让妈妈给他穿衣服，成了笑话！虽然我们班此类情况不多，但是凡事依赖父母的却不在少数。请不要以"现在的孩子都这样"为借口，不如理性分析一下：这样做对吗？

由此可见，孩子没按时起床的确是家长的责任，但家长的责任不在于没有叫醒，而在于溺爱，在于混淆了责任分工，在于把孩子当宠物来养。宠物是用来解闷的，孩子却是要成为独立自主发展的人，自己要撑起一片天空，二者应该不同对待。

希望以后不要收到类似的道歉短信，而是看到孩子们给父母做了一顿饭、替父母洗了衣服。那将是家长的福分，也是教育的成功。

几位家长立刻回应："张老师，您说的对！我们一定注意培养孩子的独立性。""从上小学起，都是我们喊孩子起床，迟了，孩子会大发雷霆，我们向他道歉之后又向老师道歉，从来没想过，按时起床是他自己的事情。"……之后，我和家长们进一步讨论到教育的核心问题：人生是一场长跑，跑在最后的人一定是有目标、有耐力的人，而不是被家长扶着的人；勇于担当、知难而上的品质是应对生命中苦难的必备品质；优秀不是把别人打败，而是在不断战胜自己的同时能够和更优秀的人合作。家长们意识到：之前教育孩子多着力于短期内领先，认为只要考上重点高中、名牌大学就能站到更高的平台上，今后要从孩子终身发展的角度来审视家庭教育。

那次讨论之后，我还召开了主题班会"到底是谁的错？"，让学生根据自身特点讨论：哪些事情是理应自己完成的，哪些事情是需要家长完成的，分享生活独立的乐趣，制订三个月"断奶计划"，并每月总结一次。我通过和家长沟通以及观察学生的在校表现，了解学生的进步情况；还通过与学生讨论，将独立性作为期末评定"优秀学生"的一个指标。此后，班上迟到的学生基本没有了。此外，我还把班级服务的典型事例发到群里，如小唐主动替生病的小薛擦黑板，小舒想到把垃圾袋固定在垃圾桶上的好办法，小李星期天为父母做早饭、整理房间等，让溺爱孩子的家长找差距，让孩子们在身边榜样的引领下迅速成长。

通过这件事，我得出如下启示：

1. 班主任要靠理性和专业素养成为家庭教育的引领者、指导者。孩子身上的问题大多是家长问题的折射，绕开家长教育孩子，家长会以误解、袒护、对抗等方式影响教育效果。而家长由于血缘、亲情关系，难以从理性上对孩子进行全面认识，特别是在家长受教育水平可能超过教师的背景下，教师的权威性会受到挑战。此时，班主任必须依靠理性和专业素养，成为家庭教育的引领者。这样才能形成教育合力，促进学生健康成长。

2. 网络为家校沟通提供了高效互动的渠道。相对于约谈和家访，通过QQ群、微信群沟通可以方便快捷，使班主任的教育理念打破传统的一对一沟通的局限性，通过对发生在个体身上的问题的讨论，引发其他家长关注和思考。网络成为班级微型信息发布平台，让家长及时了解班级内发生的事件，便于有针对性地开展家庭教育。

3. 班主任一定要做一个有情怀的教育者，不能仅仅满足于督促学生遵守校规校纪，完成学校布置的任务，而要努力发现这些规定和任务背后的教育意义。例如，"不准迟到"不仅是保证上课的秩序，更是培养学生的时间意识、责任意识，因此，学生自己负责设置闹铃，且不迟到，才是教育发挥了作用。如果"这是家长的错"之类理念盛行，即使学生永远不迟到，也与教育的宗旨相去甚远。

第四节 将家长资源转换为教育资源

学生家长来自各行各业，对班级而言，这是一笔丰富的教育资源，如有专业特长的可以帮助学生做职业生涯规划，有高校招生经验的可以普及自招、填报志愿工作等。家长们在这个过程中也会彼此了解，建立友谊。家长的友谊，反过来也促进了同学友谊的发展。

我带的 2019 届学生家长扬妈和邵妈是高校教师，于是她们主动承担起自主招生的咨询工作，让我有更多的时间和精力抓教学。一次家长会上，扬妈做了一个微型讲座，从自招、综评政策，到每个渠道适合的人群，再到我校每届通过自招、综评加分的人数，以及物生班历年高考情况，介绍得清清楚楚，很多信息是我闻所未闻的。由于时间紧，她语速比较快，声音便有些小。我开玩笑地说："看来高中老师不好当，大学老师有学问就可以了，高中老师必须声音洪亮，不然，会被举报！"她也不生气，笑一笑。

一次四校联考后，我终于见识到邵妈的风采。我校在那次联考中处于中下游。但家长、学生甚至一些老师往往用他们是"县中模式""靠读书改变命运"等话来掩饰自身不足。为了纠正因盲目的优越感造成的偏见，我请在无锡某高校工作的邵妈给学生做了一个讲座，介绍无锡高中教育情况，希望能让学生们真正认识到自己的不足。

邵妈开头便说："无锡人均 GDP 是全江苏省第一，被称为'小上海'。连孩子相亲都比较中意上海、苏州的，一听是南京的，就有些犹豫。"学生将信将疑时，邵妈打开 PPT 上的数据，学生们惊呆了！

邵妈接着说："无锡富裕且有文化，是古代出进士、现代出院士最多的城市之一，现在高考也非常厉害。"然后放出天一中学、锡山高级中学历年高考全省前 30 名、前 50 名所占的比例，学生们一个个目瞪口呆！无锡富裕，学生的分还高，学生们莫名的优越感瞬间坍塌。然后，邵妈继续讲无锡的两所著名高中校风如何好，学生如何勤奋、主动。晨曦中捧书朗读、午饭时紧张有序、违纪后张张通报，一张张图片，无声胜有声。学生看得错愕、羞愧、冒汗、低头。

讲座结束后，学生纷纷表示，自己之前太无知、太自负了，也明白了为什么中考的优胜者会在高考时比不过无锡的同龄人，因为他们远比自己刻苦、主动。邵妈做完讲座之后，学生们不抱怨了，学习更踏实了。同样的内容，经邵妈清脆甜美的声音一讲，效果就不同了。

家长们来自各行各业、不同阶层，对生活有独特的感悟，对社会有更切身的体会，可以弥补教师话语单一、阅历简单等不足。因此家长资源是学校教育资源的有益补充。合理利用家长资源，关键在根据班级学生身心发展需要，把资源用在学生发展需要之处。另外，要根据学生身心发展规律提前与家长沟通，确保家长的知识、观点、特长有助于学生的精神成长。

第 九 讲

如何指导家庭教育

第一节　指导家庭教育是班主任的第三专业

　　如果说中小学班主任的第一专业是学科教学，第二专业是班级建设，那么第三专业就是指导家庭教育。家长是孩子的第一任老师，原生家庭的认知层次、价值观念、沟通方式对孩子有着潜移默化而又不可估量的影响。很多家长喜欢控制学生，习惯情绪化表达，导致亲子关系紧张或子女"巨婴化"。当下，升学竞争的前移，使家长们为每个短期目标焦虑，无心着眼孩子的可持续发展。迫切期望孩子一帆风顺的心理，又剥夺了孩子自我磨砺、破茧成蝶的机会。在这种生态下，如果班主任丧失话语权，任其发展，对学生、家庭、社会的危害将难以估量。因此，在家校沟通中获得话语权，具备指导家庭教育的能力，成了班主任的一个专业。

　　在学历、阅历、财力、资源等方面优于一线教师的某些家长群体，容易对班主任质疑、挑剔，甚至颐指气使。然而，这种越界行为多出于焦虑和无助。如果班主任在教育教学和家校沟通中能用更专业的方式阐明事理、化解矛盾，家长就能感受自身不足，从而尊重、接纳教师的建议。

　　首先，班主任要强化理论素养，用专业的眼光去审视问题，用专业的手段去解决问题。班主任要认真研读教育学、管理学、心理学、社会学的书籍，对其中与学生发展、班级建设相关的基本理论烂熟于心，能够用理论解释问题、解决问题，能够让家长感觉到你言之有理，行之有据，术业有专攻。为什么很少有患者对医生的专业性产生怀疑？除行业本身的区别外，医生的服装、动作，特别是对病理、药理的讲解，常让患者自叹不如。而很多班主任在和家长沟通时，常常只凭个人感受和经验，无法为家长提供认知范围之外的专业知识。如果班主任能用罗尔斯的"无知之幕"阐释班级建立初期制定班级公约的公正性，用"马太效应"解释班级中弱势群体自卑的原因，用"自我概念"解释学生偏科的现象，用"福流"理论来反驳"学习很辛苦"的说法，家长就会认识到班主任的每一项决策背后都有学理依据，也就会心悦诚服。

其次，班主任要从更广阔的视野，更多元的角度，用更可靠的数据来分析学生的发展。数据分析的特点是直观、客观地揭示真相。有些家长对孩子期待高，却意识不到现实与目标的巨大差距。以某重点中学为例，该校每年考入 C7 高校的学生有 150 人左右，占全校人数的 20%，却有 82% 的家长心理预期是 C7。这一预期不是基于对学生的天资禀赋、努力程度和高校录取比例的理性分析，而是一厢情愿。很多学生高一松松垮垮，高考未能如愿就责怪学校。如果学生入学时，班主任就告知 C7 高校的录取方式和名额，每种录取方式适应的人群，被录取所需要的全市名次、校内名次，使学生和家长认识到现状和目标的差距，他们就会提前调整预期，并更加努力。自媒体公布的一些数据多有宣传意图，貌似客观的背后可以掩饰或凸显一些内容，容易误导家长。班主任要全面掌握高校录取、模拟考试、综合评价等数据，让家长心中有数，避免偏听偏信，无所适从。

班主任取得话语权的目的，不仅是捍卫职业尊严，更是更有效地引导家庭教育，使家庭教育更专业、更高效，促进学生全面发展、健康成长。

对于家长的不合理诉求和无限度的焦虑，班主任没必要一一回复，而应该对阶段性问题进行总结归纳，通过网络平台，给予专业解答。例如，新高一个别学生可能感觉到被忽视，产生失落、沮丧、焦虑、抱怨等情绪。班主任可以告诉家长，这些孩子在初中是尖子生，享受着特别关照，现在集中在一起了，关爱被稀释了，心情失落是正常现象。这不是被忽视，只是从被过度关注回归自然状态。我们要引导孩子适应平凡生活，学会欣赏自己，不要跟别人比。班主任也可以发布一些家庭教育失当的案例,引发家长反思。一系列沟通之后,家长逐渐不再一味抱怨高中老师不负责任,不再责怪孩子名次后退,而是鼓励孩子放平心态,紧跟学校节奏,探索属于自己的学习方法。孩子们也会逐渐变得从容、自信。

第二节　利用多种媒介普及教育常识

家长对教育的理解主要来自个人的学习经历和传统观念，很少主动学习现代教育观念。特别是在一些领域卓有成就的家长，很容易凭借自身优势俯视中小学教育。过分自信，过分介入，都在打击学生的信心。班主任可以通过QQ、微信转发一些教育类文章，让家长尊重教育常识，掌握教育常识，如果时间允许，也可以组织家长读书活动。

最近几年，我发现一些家长无视教育的专业性和孩子的成长规律，不能忍受孩子受挫折，总是以质疑、挑剔的眼光俯视基础教育，导致家校矛盾、亲子冲突愈发普遍。于是每接手一个新班，我都会向家长推荐李镇西老师的《做最好的家长》、王金战老师的《学习哪有那么难》、马歇尔·卢森堡的《非暴力沟通》等书籍，且在QQ群里转发电子版，供他们闲暇时阅读，这些书未必是前沿、研究成果，但对家长会有一定启发。

另外，家长会也是指导家庭教育的重要平台。一些班主任将家长会开成了汇报会，主要内容是班级活动总结、成绩分析。这样的家长会每次内容都大同小异、缺少重点和系统性，成了家长眼中的"鸡肋"。在长期的班主任工作中，我探索了一套家长会体系，每个时段的家长会，我都会针对未来一阶段家长需要重点关注的问题谈深谈透，给予操作性指导，力求让家长有获得感。

例如，我将高一新生家长会的主题定为"适应新环境，寻找新方法"。高一新生面对高手如林的陌生环境，难度陡增的学习内容，会产生巨大的心理压力。家长会的内容可以涉及如下方面：（1）结合往届的发展路径，帮助家长勾勒高中三年整体框架，理解初、高中的区别。（2）为家长分析学生在接下来的三年中可能存在的问题或心理，如高中科目多，知识密度、难度、思维强度都增大，高考作为选拔性考试，区分度高，有些学生初一初二边学边玩，初三逆袭，也想在高中复制初中经验，以至于高三无从下手；有些学生执着于通过奥数获奖进入名校，不顾自身实力，放弃其他学科，孤注一掷，竞赛失利后一蹶不振；有些学生看到周围同学提前学过某些学科，紧张焦虑，自卑乃至厌学。请家长一定要主动向老师反映孩子的心理状态和行为表现，便于老师全面掌握信息，提出合理建议，不要怕给老师留下坏印象，任其发展。（3）家校要通力合作，鼓励学生应对压力，接受挑战，融入集体，悦纳自己，包容他人。

高一上学期期末，学生此时已适应高中生活，开始考虑选科。我便在此次家长会上向学生介绍本校往届学生选科情况，各类选科班级的师资配置、学生层次、对应的大学专业，以及如何考虑学生特长、兴趣与未来发展的平衡；引导家长既要考虑现实问题，又要尊重孩子意愿，不要过分干涉孩子的选择，毕竟他们未来必须自己独立面对。

高二重新分班，可能存在学生对选科结果患得患失，怀念高一班级，班内学习风格、层次相对单一等问题。同时，高二是矛盾多发的时段，学生自我意识增强，充满理想主义，对社会吹毛求疵，交往中鄙视功利性、世俗性的因素，易走极端。我便利用家长会，提醒家长，不要把孩子的反常现象简单归因于逆反期和外部环境，要多阅读、多观察，站在这个年龄段的学生的角度思考问题，创设情境让孩子多体验、多思考、多尝试，让其在实践和反思中变得理性和包容，在主动选择和承受中理性定位，不因怕孩子走弯路而越俎代庖。

高三阶段家长会比较频繁。刚开始，班主任要向学生和家长宣传本班教师团队，增强家长的信心，纠正家长口中容易让孩子焦虑或反感的口头语，如"决定命运的一年""黑色高三"等；让家长和学生明白，高三大部分时间都在复习，即使高一基础不牢，高度重视一轮复习仍有望逆袭，如果高一、高二基础好，高三就要求精、求通、求活，不要掉以轻心。中间阶段的家长会，我就引导家长陪孩子突破"高原现象",理性对待成绩起伏,耐心倾听孩子"吐槽"。高三下学期的家长会,我引导家长从终身发展的角度看高考,从孩子自身角度看高考。对于浑浑噩噩、狂妄自大的孩子,高考失利可能是觉醒的开始,考好了他可能会继续麻醉自我。不要看了其他学校的宣传就怀疑自己的学校、本班老师,用合作共赢的思路处理家校关系,家长大气,孩子才有底气。

此外,我从2017年开了公众号"教后知困",从教师的视角来阐释教育,再现学生学习的真实样态,一方面为了让家长了解教育,了解教师的工作日常,另一方面也反映一线教师的心声。

"教后知困"本着不虚美、不隐恶的原则,真实再现学生学习的真实样态。例如,有学生好高骛远,在默写、翻译等基础知识上经常丢分,家长责怪老师不重视基础,老师带领学生夯实基础后,家长又觉得课堂深度不够。我便写了《朋友,我们也不愿抓默写》,具体介绍了老师们运用艾宾浩斯遗忘曲线、过度记忆、理解性记忆、文字学知识引导学生熟读成诵、理解文意的办法,以及学生为应付过关,临时抱佛脚的情景。然后感慨道:

中学老师其实是一个牺牲兴趣爱好、专业高度、休息时间,甚至身体健康,兢兢业业为学生发展铺路的一个群体。

为什么每年都有大批考生数学估分140,结果110?根源不在智商,也不在教学难度不够,而在规范,在基础。校长讲话必谈规范,但是规范就是不能落实到学生身上。为什么?学生自以为是,追求高端;家长偏袒孩子,推波助澜。更有家长跟讲规范重基础的老师唱反调,让老师伤心。默写训练什么?是训练一丝不苟、精益求精的态度,是培养不折不扣的执行力。这两者恰恰是学校里一些学生最缺少的。小事不愿做,大事做不来,这个毛病,就是家长毛病的折射。孩子年少轻狂,不愿重复,实在正常,但家长应该明白孩子的缺点。

这篇文章引起了教师的共鸣,更让家长知道了学习并非"抓"得紧就能好,浮躁的风气、不端正的学习态度才是学生学习成绩不佳的根本原因。我对家长浮躁、功利的揭示，未必全面，但至少为大众理性、全面审视教学质量问题打开了一个新的视角。

有家长建议减少法定假期，延长在校时间，我写下《高期待·成就感·主动性》，期望能告诉家长这样一个教育常识：

> 即使抓成绩也不要一味地使用延长劳动时间、增强劳动强度、剥夺学生自由的原始方法，要想办法让每个孩子看到希望，主动挖掘自身潜能。前者驯化奴隶，后者造就强者。

期末考试，班上一部分学生英语考得很差，准确讲，是本学期学得很差。分析原因时，他们只谈外在原因，却闭口不谈自己的热情不高、自觉性差、惰性强等因素。我写下《比成绩差更可怕的是归因错误》，以纠正这种错误：

> 考得差不可怕，可怕的是归因错误。归因错误是典型的弱者思维，让人们停留在片面分析问题的程度上，而不利于解决问题，甚至怨天尤人，步步后退。我承认教师点拨的精准度、督促的强度、训练的频率是影响成绩的重要因素，但在教辅资料过剩的今天，英语想冲高分，最关键的只有一点：学习的渴望。

面对家长动不动就指责学校、斥责学生，我写下《做一个善于反思的家长》，批评某些家长庸俗教育观对孩子健康成长的伤害：

> 首先，您绝对不是都懂。当您打电话询问均分时，您想的是孩子如何碾压别人或不被碾压，而不是孩子读书的乐趣和习惯，说明您不懂。
>
> 当您把孩子的某学科成绩寄托给班上来了个比较凶的科任老师的时候，说明您认为学习仅仅是灌输和逼迫，而不是唤醒和自觉，也说明您是真的不懂。
>
> 其次，孩子凭什么听您的？多年来，您对他（她）百依百顺，但他（她）养成了平等协商、理性沟通、换位思考的习惯了吗？您所谓的"道理"是让孩

子心悦诚服，还是鄙视？

您把孩子不爱学习归因于条件好、诱惑多的时候，说明您不懂得学习除了改变命运，还可以自我实现。您自己是在追求"日知其所亡"的充实感，还是认为"知识只是个敲门砖"？

您可怜兮兮地求孩子"再熬两年，你就轻松了"的时候，是不是在说谎？上大学真会轻松吗？卓越的人不是逃避辛苦，而是勇于承担，在苦难中获得尊严感和力量感。难道少年时期辛苦，就是为了青壮年时浑浑噩噩吗？本来，孩子或许还有一点冒着傻气的理想，激励着自己去拼、去冲，活出独一无二的自己。您却用在社会上学会的狡黠和磨成的平庸来对孩子催熟。

期中考试后，家长和学生最关注数据，于是我写下《成绩分析不能止于数据》，意在提醒家长，不要只止于数据，而要关注数据背后的深层次问题：关注能力，更关注态度；不能只关注均分，要研究满分。引导孩子关注自身也是个技术活，如果愿学这门技术，家长不妨看看管理学、心理学、教育学方面的书籍；如果自己不愿意学，就不要奢望孩子"活到老学到老"，还是顺其自然吧；如果又不甘心顺其自然，就老老实实地配合学校教育。

为了让家长明白教师不仅是帮助孩子提升成绩，还有更大的社会责任，我写下《我们是在做教育吗？——重读杜威＜我的教育信条＞》，告诉家长：

教育是达到分享社会意识的过程中的一种调节作用，而以这种社会意识为基础的个人活动的适应是社会改造的唯一可靠的方法，这就要求对个人主义和社会主义的理想均高度重视。从个人主义角度来讲，个人某种品格的形成是合理生活的唯一真正基础；从社会主义角度来讲，最好的品格不是通过单纯的个人告诫、榜样或说服所形成的，而是出于某种形式组织的或社会的生活施加于个人的影响。社会机体以学校为它的器官，决定道德的效果。因此，社会对于教育的责任便是它的至高无上的道德责任。

最后杜威提出：教师不是简单地从事于训练一个人，而是从事于适当的社会生活的形成。每个教师应当认识到他的职业的尊严：他是社会的公仆，专门从事于维持正常的社会秩序并谋求正确的社会生长。

2015年一次家访时，我遇到一位从农村来陪读的家长。她没读过多少书，却很会教育孩子。为了让其他家长自我反思，我后来写下《这次家访教育了我》，全文摘录如下。

那次家访纯粹是例行公事，了解一下学校周围租住家庭的情况。不料，一个月来，小悦妈妈那骄傲的神气，却让我怎么也忘不掉，以至于我逢人便举这个例子。这个例子可以帮老师们反思，我们的教育是不是正以爱的名义剥夺孩子精神成长的本能？是不是以过度关爱的方式逼着孩子退化？

如果不是学校布置了任务，我绝不会想到去小悦家。开学半个月来，她没有主动表现过一次，没有犯过一次错误。中等生本来就容易被忽略，更何况她个子小小的，整天不声不响，她是最后几个让我把人和名字对上号的同学。一个周六，我约了四个家庭，原本计划2个小时之内结束家访，但其中一位家长十分健谈，不好抽身，所以见到小悦妈妈时已到午饭时间，我准备稍微了解一下情况就离开。

小悦妈妈说："女儿来到扬中后，听不懂，但是她不着急，却安慰我：'我一定能赶上来的，原来在初一的时候，不是也不适应吗？最后赶上来并且还遥遥领先。'"接着，她就滔滔不绝地讲起了小悦的故事："小悦小学是在村子里上的，师资力量很差，但她学习很刻苦，后来考到县城的初中。为了照顾孩子，我也就跟着搬到县城租住了，但只负责衣食起居。因为我和她爸爸都是小学文化程度，学习上根本帮不了女儿，但是孩子从来不抱怨，也不羡慕别人。每次学校要求家长签名，我不会签，因为文化水平太低，字写得也拿不出手来，就对女儿说：'你替我签吧。'女儿说：'你写得不错，我觉得真的蛮好的。'最近女儿状态特别好，她说：'老师讲得难，自己进步就快，周围高手多，学习的机会就多。我一定能赶到上游去，请你相信我。我们的老师都非常好，跟他们学习真是一种享受。'"

"我家孩子运气好,从小到大,遇到的都是好老师,初中老师对她可好了。你看看,教师节那天她给好几个原来的老师发了短信,表示感谢,我给你看看。"说着,小悦妈妈拿出自己的手机,"她自己从来不用手机玩游戏,也没有自己的手机,所以短信是用我的手机发的。我感觉跟小大人似的。"我说:"我可以看吗?"小悦妈妈说:"当然可以,她也没有秘密。"

我一看,写的都是自己进入高中后的激动心情,对初中老师辛勤培养的感谢,甚至还关心老师家孩子的学习情况。蓦地,我的眼泪涌出来了。小悦以真诚、善良、坚韧,诠释着"健全人格"的模样。

后来,我遇到好几位家长,多数是公职人员、商人,却没有小悦妈妈的幸福感。近10年来,我见了太多的父母,他们经过悬梁刺股的苦读,商海风浪的搏击,终于开辟了自己的一片天地。但在拥有了财富或地位之后,却忘记了自己处于逆境甚至绝境中绝不服输的精神才是今日成就的源泉,忘记了战胜痛苦执掌个人命运的自豪感。他们错误地认为,吃苦就是痛苦,决不让孩子吃苦、走弯路,只有这样才是幸福。结果是,孩子没有机会发现自己的力量,只感到生活的无聊、无趣、没劲。

我永远忘不了自己上中师时发生的一件事:当时我想靠练习书法摆脱做乡村教师的命运,但一本书法作品集定价38元,于是我在新华书店的二楼徘徊几个小时,爱不释手,却又不得不放下,放下,又舍不得离开,毕竟当时我一个月的伙食费也才60块钱!店员终于忍无可忍,冷冰冰地说:"买吗?别把书摸脏了。"出于自尊心,我狠心买下,换来的是一个月的省吃俭用,并且带着负罪感多向父母要了十几块钱。如今,我的生活条件好了,动不动就买几百元的书,书橱已经遮了两面墙。不到4周岁的女儿的书架上也挤满了各种各样的儿童读物。我可以自豪地说,我的孩子再也不会遭遇我当初的窘境和屈辱。但我突然明白,这并不意味着高枕无忧。人藏书汗牛充栋容易,但让孩子如饥似渴地读很难。我很可能像很多家长一样,出于溺爱为她的不学习找出很多理由,如南京的教育环境就这样、作业多、城市孩子诱惑力大……人解释世界时总是有意或无意地回避自身缺陷，容易一厢情愿，忽视客观规律。这一点，我必须警醒。

我们用自己几十年的奋斗，编制了一个金笼子，把孩子罩在里面，不愿他们受伤害，却也使孩子丧失了展翅高飞的愿望和能力。我们欣赏着鸟笼的时候，却忘记了，孩子注定要独立飞翔的。

我宁愿自己是一个农民，换来一个能够自己担当风雨、战胜苦难、赢得幸福的孩子。当我不是农民的时候，如果我清醒一点，也可以保持农民的淳朴和憨直，或忍着心中的痛，看着孩子摔倒后学会自己站起来。很多动物都能做到，难道身为万物之灵的人做不到吗？

那次家访，给我带来了正能量，也给我敲响了警钟。

这篇文章既是自我反思和自我提醒，也是提醒家长们：不要违背孩子的成长规律，过度教育，给孩子自主发展的空间，不要把舍得花钱等同于尽心教育。返璞归真，让孩子在小风小浪中练就乘风破浪的勇气和能力，成长为能够战胜大风大浪的水手。

第三节　　让家长在读写中
　　　　　缓解焦虑

在工作中,我发现很多家长由于不懂教育,使爱变成越俎代庖,把希望变成揠苗助长,使学校教育大打折扣。班主任直接改变他们的理念很难。我的做法是,组织教育阅读,用读书明理,帮家长化焦虑为能量。这个活动我已经坚持了近10年。我也从意识到家长读书的必要性,到组织阅读、测验阅读效果,逐渐探索出一套提升家庭教育能力的做法。

缘起：送给家长一本书

10年前,班上的小伟在暑假追求一个女孩,刚开学却收到署名为女孩妈妈的短信,警告他别再骚扰女儿。伤心欲绝的小伟找女孩对质,却意外发现短信竟是小伟妈妈用别人的手机冒充女孩妈妈发的。他大发雷霆,不吃不喝不上学,母子关系急剧恶化。无奈之下,小伟妈妈向我求助,我送给她一本《做最好的家长》,说:"您的做法偏离以心育心,以德育德的轨道,容易滋生仇恨,这本书可能对您有帮助。"小伟妈妈两天后请我把一封道歉信交给小伟,信中写道:"看着你整个暑假颓废的样子,我心碎了,病倒了。同事来看我,帮我发了这条短信,没想对你伤害这么深,妈妈对不起你。面对你的情感问题,妈妈开始学习,正如书中写的:'爱可以成为推动道德进步的武器'。妈妈相信你能理性处理好成长中的问题。"小伟再也止不住泪水,自言自语地说:"妈妈,是我不好,我一定不让您失望。"我抚摸着小伟的头，语重心长地说："爱是责任的源泉，要为别人遮风挡雨自己先要成长为一棵大树。"小伟使劲地点点头，说："老师，我明白了。"一个月后，小伟妈妈跟我说："张老师，谢谢您，这本书告诉我孩子在想什么，如何和孩子沟通，现在小伟恢复乐观心态，并主动告别了那段青春小插曲。"

另一件事也与家长缺乏教育常识有关。小嘉数学连续考得很糟，害怕爸爸责骂，不敢回家。我请来她爸爸谈心。嘉爸极其健谈，他说："我是从农村考入同济大学建筑系的，所以深信读书改变命运。小嘉数学不好，我亲自归纳出一套解题方法，逼她学，她就是没长进，急死我了。"我告诉他："您的方法好，但您强行灌输实际上是在降低她的自我效能感，所以学不好。孩子想反败为胜的急切心理又加剧了'目的性颤抖'，所以考不好。我送给您一本王金战老师的《学习哪有那么难》，王金战老师的数学应该没您好，您上同济，他上大专，但是他数学教得很好，女儿考上了北大，您看一看。"第二天一大早，我就收到他的短信："谢谢张老师指点迷津，我夜读此书，受益良多，一定学以致用，助女儿成才。"后来期末考试，小嘉考入年级前列，她开心地说："看来学习真没那么难。"

多年来，我的办公桌上常备一些与教育相关的书，向家长推荐。家长看完后一般会送回来，留下其中的智慧。当下，班主任仅靠自己的爱与责任是不够的，还要和家长有效沟通来凝聚教育合力。送家长一本书其实是想普及一种教育理念：爱是付出，更是智慧。书传递了我与家长合作的真诚，打破了教育"5+2=0"（"5"指学生一周五个学习日在学校接受正面教育，"2"指学生双休日回到社会后接触的消极、负面影响，"0"指教育效果）的怪圈，彰显了现代班主任职业的尊严。我想，如果能组织家长忙里偷闲阅读浅显的教育类书籍，不是可以让家长少走弯路，让学生更健康地成长吗？

组织家长读书会，开设家长学习班

现在的学生家长至少都具有初中以上的文化水平，我任教的扬州中学和南师附中的家长多数都读过大学，但他们对现代教育理念所知甚少，还停留在"学习改变命运""没有压力就没有动力""吃得苦中苦，方为人上人"之类的旧式经验层次。这些理念不能解决问题，容易使人生气、焦虑，甚至抑郁。家长们如果阅读一些教育类的书籍，会不会缓解一些焦虑，且找到与孩子沟通的秘诀呢？为此，我在群里为家长们推荐了《做最好的家长》《学习哪有那么难》《非暴力沟通》《我送孩子上北大》等书。

为了营造阅读的氛围，2023年每周四值班时，我还组织了家长读书会，家长自愿报名，每次一位家长领读。领读的人负责提炼并阐发重要观点，将书中的观点与自己的家庭教育体会结合起来，谈心得体会。

每到高三第一学期期末，家长们的焦虑就会到达顶点，甚至有的早早地准备给孩子报课外辅导。我发现如果时间填得很满，学校精心研制的寒假作业就起不到应有的作用。此时必须让家长冷静，不能有病乱投医。于是我在家长群里开玩笑说："学生不必上课外辅导，你们倒是可以上'志而强'。'志而强'家长培训班，专治家长考前焦虑、亲子矛盾。"没想到第一次这样说完后，竟然有40多个家长报了名。我便开了班，设计了课程。下面是2019届一位学生的妈妈上完课后写的课程小结：

昨天晚上放学归来，我给儿子讲的第一句话就是："今天的培训班太好了。今后我一定要控制好自己的情绪，多鼓励你，相信你。"

在一模考试后，面对某中学漂亮的一模数据，看到自家孩子惨淡的数学和语文分数，即使我心里已经多次提醒自己"不要发火"，但面对儿子的那一刻，我仍然控制不了自己的情绪。种种伤人的话语像利剑一样直刺向儿子的心脏，在他本已受伤的心上再狠狠刺了一刀。

那天晚上，孩子的眼睛是哭肿的！

昨天晚上，当我忐忑不安地走进教室时，小扬妈妈主动邀请我加入他们小组。看到小组成员友好的微笑，我放下心中忐忑，开始融入这个新集体。"你以何种方式存在？"坦白讲，这个问题我从来没有想过。因为我总是理所当然地认为我是世界上最爱孩子的人。可是当我对照选项慎重填上"情绪化""行动者""思想者"的时候，才发现自己的爱是那么苍白。在孩子面前，我常常不认可他的努力，常常批评、讽刺、打击孩子。这些语言负能量对孩子是多么消极的暗示，多么沉重的打击。

"你的儿女，其实不是你的儿女……你可以给予他们你的爱，却不是你的想法。因为他们有自己的思想。"是啊，孩子是有自己思想的人，他们知道自己人生的方向。在他们前行的途中，我们应当给予更多的信任与鼓励，而不是消极的指责与粗暴的干涉。当我们学会欣赏与尊重，他们完全可以扬帆前进。

昨天的家长学堂，热心家长的邀请，朗诵时家长的掌声，能安抚我不安紧张的心，让我有学习的勇气，为什么我不能把鼓励传递给自己最爱的孩子？"良言一句三冬暖，恶语伤人六月寒"，我应该控制不良情绪，传递正能量。

课堂上，家长的笑脸，老师的引导，开放、和谐的小组交流氛围，让我放下顾虑，放空自己，真诚地表达自己的心声。

"水千条山万座我们曾走过，每一次相逢和笑脸都彼此铭刻。在阳光灿烂的日子里，我们手拉手啊想说的太多……"愿在老师的引领下，家长的成长下，更多的"周静怡们"出现在班级里，笑对人生！

在阅读间隙和家长们的闲聊中，我感受到他们的焦虑。例如，小翰妈妈每次都问我，孩子能不能上南京大学。我回复："不能，考个南航、南理工也不错。孩子已经很努力了，要尽最大努力，接受最差结果。按往届数据来看，我们物生班，C9高校能考上4～7人就不错了。我们不会创造奇迹，心态平和一些更好。"她不说话了。高考揭晓后，小翰发挥得不错，她说："张老师，您那次说南京大学没希望，我先是难过，后来就想通了，他哪怕考得再差，也是我儿子，我也要勇敢地和他一起面对。再后来彻底放松了，也就不焦虑了。"我听后很感动，这证明我是受家长信任的。正是这份信任，才让家长逐渐放宽了心态，准备接受一切，也让孩子变得从容了。而这，恰恰是孩子稳定发挥的关键。

举行家庭教育能力测试

虽然有家长读书会和学习班，但改变人的思想很难。为了让家长意识到自身教育理念的差距，督促他们细读、内化教育类书籍，我举行了家庭教育情况调查。调查以选择题为主，题目主要是考查家长们是否把握了推荐书目的主要观点，能否将这些观念迁移到与孩子的沟通中。每次家长会，我会先测评，收齐答题卡后，再评讲调查问卷。往常开家长会，很多家长记不住要点，而这种评讲试卷式家长会，会让家长们的注意力高度集中，当我的观点和他们的观点产生激烈碰撞时，他们的内心会有所触动。

| 附 录 |

家庭教育情况调查

一、不定项选择

1. 学生成绩出来，下面说法一定不正确的一项是（　　）
   A. 祝贺你进步，看来努力就有收获，但爸爸妈妈允许你下次考试失败。
   B. 这次考试暴露出了问题，正是进步的开始，关键是认真反思总结。
   C. 这是模拟考，不重要，高考时千万不要犯这样的错误。
   D. 你就这么大能力，放宽心，发挥出水平就行，关键是平时努力学，提升能力。
   （答案：C。解析：C削弱了模考的诊断功能，且容易将焦虑集中到高考，导致孩子高考发挥失常。）

2. 李镇西从来不对女儿提分数和名次的要求，因为他有个秘密，这个秘密是（　　）

　　A. 懂得教育要有平常心态，只有顺其自然才能出类拔萃。

　　B. 从来没有把女儿当作天才，总觉得她智商平平。

　　C. 女儿本身比较要强、自觉，不能给她太大压力。

　　D. 作为著名教师，他很懂得从孩子的学习状态发现问题，及时补救。

　　（答案：B。解析：这是《做最好的家长》中的原句。这种想法的好处是，引导孩子重视勤奋和科学的方法，且不给孩子太大压力。）

3. 假如孩子经过一个月的努力，段考成绩很糟，您怎么安慰孩子？（　　）

　　A. 只要你每次考试后能够真正找到失败的原因，这一级台阶你就登上去了。

　　B. 前面99次考试的失败都是通向最后一次胜利的必经之路！

　　C. 不必担心，又不是高考，高考考好就行了。

　　D. 爸妈对你学习没有要求，你能考出自己的水平就行了。

　　（答案：AB。解析：C容易导致高考压力过大；D言不由衷，孩子不会相信。）

4. 看到孩子学习起早贪黑，下面观点正确的是（　　）

　　A. 高考是他自己的选择，面对困难就要承受，承受本身也是一种幸福。

　　B. 如果是男孩子要养家糊口，女孩子就没有必要这么辛苦。

　　C. 勤奋学习没有错，但不要整天熬到深夜，身体比成绩更重要。

　　D. 高三就应该这样努力，有的学生凌晨一两点睡觉正常。

　　（答案：AC。解析：B价值观不对；D影响学习效率和身心健康。）

5. 下面是一些家长的观点，哪些选项是正确的？（　　）

　　A. 不要渲染升学考试的恐怖，这样只会让孩子丧失学习的斗志。

　　B. 家长要反思自己的教育，家长的生活经历是最好的教育资源之一。

　　C. 尽可能耐心、细心地和孩子聊天，让孩子傲视困难，挑战考试。

　　D. 有人说不想让孩子受苦，幸福就行了，其实幸福可以是对所有困难的承受。

　　（答案：ABCD。）

6. 如果学生平常会做的题目在大考中老是做错，或者稍微有点计算量，心里就打怵，怎

么鼓励他？（　　）

　　A. 高考既然把计算能力作为四大能力之一，你平常就应该好好练习。明知山有虎，偏向虎山行。

　　B. 看过程会就可以了，不要在计算上耽误时间，考场上仔细些就行了。

　　C. 相信今年高考不会出这么繁琐的题目，多做些能体现技巧的题目。

　　D. 放下不用管，做简单题目，保持手感，这样可以保持良好的心态。

（答案：A。）

7. 某些学生考前出现"高原反应"，感到过去学的东西，一夜之间都蒸发了，什么都记不起来了。作为家长的你，如何做？（　　）

　　A. 赶忙带着孩子找心理医生，快速解决，这时候时间不等人。

　　B. 设法让孩子把注意力专注于解决一些具体问题，而不考虑高考的结果，一段时间下来，就会与别人拉开距离。

　　C. 这是高考前的关键期，需要老师牢牢地吸引住学生的注意力，调动起学生的学习积极性。

　　D. 鼓励孩子不要泄气，迎难而上，多做题，多看书本。

（答案：BCD。）

8. 王金战的女儿平时考试从来没有上过120分，高考却考了147分，他认为主要原因有哪些？（　　）

　　A. 爸爸是数学老师，清楚命题方向。　　B. 引导她战胜困难，更加自信。

　　C. 引导孩子考前复习更有针对性。　　D. 相信孩子一定能够超水平发挥。

（答案：BC。）

9. 高考前要做好心理准备。下面心理准备中有利于超常发挥的几项是（　　）

　　A. 告诉孩子：我已经到寺庙烧过香，许过愿，你这次肯定能考好，神仙保佑你，不要慌张。

　　B. 要有一颗平常心。考试是你平常的能力、基础知识、学习素质的全面检验，平常学得不好，别指望大考时超水平发挥。如果你自信，平常学得还不错，就不要担心考试的时候会考不好。

C. 不要怕出错。在大型的考试中，你一旦不怕出错，就会发现你的正确率会更高。

D. 千万不要作弊，连想都不要想。如果你在考场上心烦意乱，三心二意，那么会严重影响你的思路，可能平常会做的题目都想不起来。

（答案：BCD。）

10. 下面从复习备考到高考结束，哪些说法是正确的？（ ）

A. 其实高考之前的这一阶段，只要心态调整好，只要方法对，完全可以有突出的提升。例如，让学生懂得，平常用什么样的速度做题，考试的时候就用什么样的速度。简单题得满分，中档题多得分，难题能得分。

B. 面对老师讲了一遍才会的题目，必须自己做一遍，否则你做的题都是在你熟悉的地方重复来重复去，真正需要突破的地方你却把它一次次放弃。

C. 考试前一天晚上，给孩子做一顿丰盛的营养餐，预祝旗开得胜，金榜题名，因为信心很重要。

D. 孩子每考完一场出来时，我就要琢磨，如果他（她）是高高兴兴地出来，我该说什么样的话，这个话一定要短，但得有力度；如果他（她）是悲悲切切地出来，我该说什么样的话，这个话必须是用最短的语言把他（她）从困境中解脱出来。

（答案：ABD。）

11. 到了高三，我们应该指导孩子如何面对频繁的考试？（ ）

A. 要把每一次考试当作"火力侦察"——只是发现知识漏洞的机会，要好好珍惜。

B. 孩子情绪也有波动甚至非常沮丧痛苦的时候，帮助孩子及时调整过来。

C. 每次都要求孩子把真实水平考出来，如有不该丢的分丢掉了，应该严厉斥责。

D. 考完了一次不要太放在心上，忘掉过去，积极面对未来的学习。

（答案：AB。解析：C会增大压力，导致亲子关系紧张；D会致使考试失去意义。）

12. 某家长写给女儿的纸条中说："爸爸希望你是一个超越困苦的人！当你的同龄人在为眼前的学习叫苦时，你能够在心里对自己说：我和他们不一样！我希望学习上的困难越多越好，因为这样才能练就我坚韧不拔的毅力！"你觉得这句话有哪些错误？（ ）

A. 家长过于狠心，过于理想化。　　B. 非常正确，没有错误。

C. 孤芳自赏，容易让孩子清高。　　D. 意志是天生的，不是磨炼出来的。

（答案：B。该家长便是李镇西。此题意在引导家长培养孩子顽强的毅力。）

13. 您的孩子一直想超过班上某个同学，但是总考不好，于是情绪低落，但又很急躁，您怎么教育他（她）？（　　）

　　A. 别把同学当作对手，而应该以真诚去赢得别人的真诚，以开放的心态接纳同学，以减轻紧张感和压迫感。

　　B. 叫孩子善于和自己比，而不要简单和别人比，在自己的进步中找到继续前进的信心。

　　C. 让孩子充分意识到自己的优势，包括智力上的优势，用过去优异学习成绩的回忆来唤醒他（她）的自信心，让他（她）觉得自己"行"！

　　D. 告诉孩子，换一个稍微差一点的目标去比较，避免压力过大。

（答案：ABC。解析：D还是在关注别人，容易僵化同学关系，如果再比不过，会更沮丧。）

14. 有些语言和表达方式造成了人们对自己和他人的暴力，下列选项中属于这类表达方式的是（　　）

　　A. 你的问题就是太不上进了。　　B. 你不如他聪明，所以更要努力。

　　C. 作业太多，我来不及主动学习。　　D. 你不要给我的孩子太大压力。

（答案：ABCD。）

15. 某家长对即将上高三的孩子说："从下学期开始，你将度过一年'有期徒刑'！"对这种说法分析错误的一项是（　　）

　　A. 容易让孩子带着恐惧心理进入高三，产生副作用，影响学习心态。

　　B. 这种说法暗示学生是单纯为考而学，是被动地学，容易让孩子焦虑。

　　C. 不应把高三当作"有期徒刑"，应该当作追求梦想、磨炼意志的机会。

　　D. 这是形容度过黑暗的高三就会迎来自由的生活，能让孩子铆足劲学习。

（答案：D。）

16. 下面对于夸奖孩子，说法正确的一项是（　　）

　　A. 不要总是找孩子的问题，要学会说："你太聪明了""你真棒"。

B. 必须找到学生本身就有的优点，加以放大，让他（她）看到自己的长处。

C. 夸的目的是让他（她）树立信心和更高目标，而不能使之沾沾自喜。

D. 对孩子微小的进步都要表扬，趁机帮他制订具体的学习计划，挖掘潜能。

（答案：BCD。解析：A错在表扬不具体，或助长自满情绪，或让人觉得虚假肉麻。）

17. 王金战认为，学习除了本身能让人长本领、获得更高平台，还可以练就下列哪些心理品质？（　　）

A. 不达目的决不罢休的坚持性。

B. 在困难面前绝不低头的顽强性。

C. 善于冷静调整心态的情绪管理能力。

D. 延迟满足、时间管理等自制力。

（答案：ABCD。）

二、问答题

老师推荐的家长必读的三本书的名字是什么？除了这三本书，您还读了哪些关于家庭教育的书？请写下书目和给您启发最大的观点。

第十讲

班级管理中的危机预防和应对

第一节 班级危机的预防

危机是指事物发展过程中突然遇到的阻碍、危害其发展的偶发因素、随机事件。班级危机事件会影响教育教学、师生安全、学校声誉，必须有效预防和妥善应对。它有如下特征：一是事发突然。中小学生心智未成熟，情绪波动大，危机经常会毫无预兆、猝不及防；二是涉及因素多。学生、教师、家长、社会人员、自然灾害、设备等因素都可能酿成危机，难以简单归因；三是影响广泛。青少年是家庭的希望，教育是社会的焦点，学校一旦出现危机，很快就会引发社会关注。

危机防不胜防，但如果预防充分，一些危机就会被扼杀在萌芽状态。《黄帝内经》中说："上医治未病，中医治欲病，下医治已病。"班级管理也是如此。危机频繁，说明制度建设、日常管理、文化风气等方面存在问题。完善制度，营造向上、友爱、包容的文化氛围，减少恶性竞争，就会减少人际冲突、心理异常类危机事件的发生；精准预判，做好预案，就可以做到临事不慌、有章可循。意外事故类危机的管理，最常规的办法是做好安全教育，如介绍各类安全防护常识，提升逃生演练的仿真程度等。本节重点讨论人际冲突和心理异常的危机预防。

人际冲突危机的预防

同伴冲突的预防

人际关系紧张容易引发人际冲突危机。学生之间关系紧张的原因有：纪律松弛，无事生非；恶性竞争，猜忌仇视；自我中心，缺少共情；没能有效教育有攻击性的学生。

分工明确、边界清晰，是良好人际关系的前提。班干部、课代表、值日生之间必须权责清晰，分工明确。否则，学生就会按个人的标准、习惯、理解、利益，各行其是，遇到难题相互推诿、相互指责，滋生嫌隙。班主任要和学生一起制定、讨论、修订班级制度，使其与多数学生的愿景保持一致，夯实制度的民意基础。学生各司其职，都获得充分成长的机会，人际冲突危机就会减少。

科学管理、理顺关系是培育良好人际关系的关键。有些班主任命令班干部记录违纪名单，就会导致学生产生对立情绪，其后果要么是班干部为了融洽同学关系，睁一只眼闭一只眼，班规就形同虚设；要么班干部忠诚执行命令，被同学孤立、仇恨，严重的还会遭到打击报复。我在班级管理中，不把班干部置于同学的对立面，而把他们视为团结、服务、带领同学的骨干分子。出现危机时，班干部只负责提醒，不惩戒、不记录。我在发现违纪现象时，会先询问班干部是否提醒过，如果没有提醒，是班干部失职；如果提醒后无效，则重罚违纪者。这样，班干部维持纪律既是为大家营造安静的学习环境，又是善意提醒违纪者，班干部和同学之间的关系就会很和谐。

避免零和博弈，提倡共享共赢，是良好人际关系的重要体现。零和博弈是博弈论中的术语，就是"此消彼长"，即一个学生的进步必然会导致另一个学生的退步，一个学生获奖必然导致另一个学生无法获奖，这种竞争把同学关系异化为对手关系，很难带来总量增加或整体进步，只会演化为恶性竞争。如何避免零和博弈呢？我的做法是，取消班内排名，小考不排名，统测则只提供年级排名或大市排名。这样每个人都有进步的空间，进步掌握在自己手中，而不是依赖伙伴的退步。班主任不要偏爱优等生，或用优等生来刺激学困生，人为地制造矛盾。这样，学生就愿意一起讨论、分享学习策略，相互鼓励，避免了猜忌和提防。当某些荣誉的名额下放到班级，零和博弈难以避免时，班主任一方面要淡化该荣誉的重要性，另一方面要尽量通过量化来决定，不制造同伴竞争。

一些班主任热衷于打造身边的榜样，认为大家朝夕相处，激励效果好，然而往往事与愿违。这是因为，当班主任将某个学生塑造成榜样时，这个学生就会被神化。为了维护自我形象，该生会刻意克制自己，不敢犯错，不敢偷懒，没有快乐；其他同学也会对其要求更高，或搜集其缺点来获得心理安慰，或出于嫉妒而向其发泄仇恨。

班主任可以通过"坐地起身""十人九足"等团建活动融洽同学关系，介绍一些消除误会、换位思考的做法；组织各种类型的小组，如卫生小组、学习小组、课本剧小组等，让每个学生与不同学生接触，使每个学生都有多个好友；允许学生用协商的方式解决同桌问题，两周以后可以选择是否调换。到了高三，学生学习压力增大，同学之间彼此也很熟悉了，同桌也就可以固定下来。

师生冲突的预防

预防师生冲突，首先是教师业务精湛，处事公正，严中有爱，在学生中威信高。其次是依规治班，避免"人治"。最后是理解、尊重每一个学生，给予独特的关心和指导，让学生明白老师是关心他、帮助他、支持他，而不是打击他。例如，对于轻微违纪行为，不公开批评，保护学生的自尊心；就事论事；课堂上用提问、眼神、走近等方式提醒学生认真听课，尽量不点名。

班主任跟学生谈话时要尽量使用"非暴力沟通"。卢森堡认为，运用非暴力沟通，人们通过感知对方此刻的感受和需要，与他们建立联结，进而聆听他们的请求，来找到让彼此生命更为丰富的方式。[①]非暴力沟通希望达成的是：帮助我们在诚实和倾听的基础上与人联系。例如，有学生已经迟到了两次，第三次迟到时，班主任说："你怎么天天迟到？太懒了！"这就是硬贴标签，道德评判，属于暴力沟通。学生可能反驳："我哪里天天迟到了！不就是周一和周四迟到了吗？上周迟到了吗？我怎么懒了？我家附近修路，堵车，我能控制吗？"班主任看学生态度嚣张，就会恼羞成怒，更加严厉地斥责，学生委屈、愤怒，双方情绪失控，酿成危机事件。如果班主任先观察学生的神态、动作，再询问原因，若是客观原因，则先表示理解再提醒，学生就会难为情；若是因为拖延，班主任可以表达自己的感受，再提出请求，比如，可以说："看到你匆匆忙忙地往楼上跑，真担心你摔倒，迟到了交不上作业，还要跑办公室，耽误更多的时间。如果提前10分钟出发，既能避开高峰，又可以更从容，在交作业等方面省下时间。白天效率高了，晚上又可以早睡，形成良性循环。"学生见老师这么关心自己，通常都会改正。"非暴力沟通"可以减少矛盾冲突，增进情感，提高教育效果。

一些班主任跟学生沟通时，习惯采用道德评判、比较、回避责任、强人所难等"异化"的沟通方式，忽视自己和他人的感受、需要和请求，致使在情绪化的控制下口不择言，误解加深，矛盾升级。

家校冲突的预防

家校冲突的原因要么是学校操作不规范，要么是家校之间存在误解。应对前者，需要提升教师素质；应对后者，需要学校多向家长宣传教育宗旨、教师的合法权益，指导好家庭教育。学校的宗旨是按照国家法律法规把孩子培养成为社会需要的建设者和接班人，班主任对学校和孩子负责，不直接听从家长指令。学校还充当着家庭教育指导者的责任。中共中央、国务院于2019年印发的《关于深化教育教学改革全面提高义务教育质量的意见》中明确强调："充分发挥

---

① 马歇尔·卢森堡.非暴力沟通（修订版）[M].刘轶，译.北京：华夏出版社，2021：8.

学校主导作用，密切家校联系。"学校一定要让家长明白，办人民满意的教育，不是办家长满意的教育；为国育人、为党育才，不是为家长育才；既尊重家长的合法权益，又让家长意识到教师是为国家培养人才的专业人员，教师的权益受《中华人民共和国劳动法》《中华人民共和国教师法》保护，每个教师都应享受 8 小时工作制，多数教师都在超负荷工作，应值得尊敬，而不能认为教师加班加点是理所当然的。

班主任应尽量保持与家长的沟通，这既是尊重家长的知情权，便于家长了解老师的工作日常，又可以减少误解。例如，外出活动时，群发学生的照片，让家长感受自家孩子被关注；平时多利用 QQ 群、微信群等，表扬作业认真、书写工整、成绩进步、善于学习的同学；分享一些青春期教育、学习策略、心理健康之类的文章等。当家长感觉到老师是真心关爱每一个孩子，为每个孩子的长远发展精心设计、细心铺路时，就会心生感激。即使偶有误会，也不会先入为主地将老师往坏处想。

班主任在和家长沟通时，态度要平和，要先倾听家长的描述，分析家长的诉求，再下判断，不要纠结于只言片语，让矛盾升级。在多数情况下，家长不会轻易难为老师，即使偶尔的咄咄逼人，也是担心孩子受委屈。只要老师们依法依规，凭借专业素养耐心解释，多数家长都会理解和配合。另外，要尊重学生和家长的隐私，不要传播学生的家庭信息。

心理异常的筛选和预防

中国最新的流行病学调查显示，每四个青少年中就有一个可能有抑郁症状。青少年抑郁症不仅影响学习能力和社交技能，还会对其情绪和行为产生负面影响，甚至引发自伤、自杀等严重后果。[1] 班主任不是心理方面的专业人士，但最

---

[1] 罗学荣，汤信海，申艳梅. 青少年抑郁症的评估与管理 [J]. 中国儿童保健杂志，2024（7）：700–703.

好要懂一些心理学，以便及时发现有心理疾患的学生，给予呵护，必要时建议其就医。

筛选有心理疾病的学生，可以采用以下办法：

1. 写自我介绍。叙述之前学习生活中最幸福或痛苦的一件事，从中判断哪些孩子内心有阴影。

2. 问卷调查。其中既有基本信息，又自然嵌入心理健康状况调查的内容。

3. 面谈。谈心时关注是否坐立不安，摩擦手掌，手腕有没有割伤的痕迹，头发是否遮着眼睛，头上是否严重缺发或有斑秃，头发是否毛躁、干枯，眼神是否忧郁、迷离。

4. 看作业。字迹是否颤抖、凌乱，字形是否过小。

5. 在跟同学交往中，是否孤僻、有社交恐惧，是否经常出现莫名其妙的悲伤、落寞情绪。

对有心理疾病的学生，班主任要多倾听、多理解、多赞扬，在对方未察觉的情况下，适当降低要求，多些正向鼓励；引导学生用儒释道融合的办法来看待生活，从积极方面解释个人经历，培养运动、艺术等爱好，及时宣泄自身情绪。请家长降低预期，改善沟通方式，改变"压力产生动力""学习改变命运"等陈腐之见，引导孩子看到希望，悦纳自我，肯定自我。

第二节　班级危机的处理

危机一旦发生，必须快速、有效处理，否则事态严重后，会影响教育教学秩序。应对危机，既需要班主任的个人智慧，更需要制度保障和智力支援系统的加持。处理时，班主任首先要做到依法依规。目前与班级危机处理相关的法律法规以及规定有很多（见本节附录），班主任可以摘录与自己工作相关的内容，将其作为自己的行为指南。

很多班主任只依照惯例工作，很少从法律法规中寻找依据。有的班主任会有一种错觉，法律法规是用来约束教师的，学生作为未成年人，只受保护，不受约束，跟他们谈法律是小题大做。于是，很多班主任不习惯用法律武器矫正学生的错误和自我保护。其实，《关于防治中小学生欺凌和暴力的指导意见》中有规定："对屡教不改、多次实施欺凌和暴力的学生，应登记在案并将其表现记入学生综合素质评价，必要时转入专门学校就读。对构成违法犯罪的学生，根据《刑法》《治安管理处罚法》《预防未成年人犯罪法》等法律法规予以处置，区别不同情况，责令家长或者监护人严加管教，必要时可由政府收容教养，或者给予相应的行政、刑事处罚，特别是对犯罪性质和情节恶劣、手段残忍、后果严重的，必须坚决依法惩处。"组织学生学法，既可以使学生心生敬畏，避免触犯底线，又可以用法律武器维护教师权益，保证多数学生的受教育权。

依法依规是前提，克制冷静是关键

应对突发事件，关键是保持冷静，不意气用事。多数老师在处理危机时，都抱着良好动机。如果矛盾激化，主要是两个原因：一是情绪激动，经验不足，操作不当，侵犯学生的合法权利；二是学生不理解，引发冲突。这里我们只讨论后者。后者多为教师工作中，学生态度恶劣，如顶撞、辱骂、殴打老师产生的冲突。如果是学生与科任教师发生冲突，班主任要先制止冲突，再调查原委，在劝导、批评之后，责令其向老师道歉，维护老师的威信。如果学生与班主任发生冲突，班主任也要先保持冷静，防止矛盾升级，给学生一个冷静的时间。

社会舆论天然偏向弱者。在教师被污名化、家校信任缺失的时候，班主任必须要严守法律底线。班主任要理解现在中小学生的处境：他们在与自然、家庭、社会尚未建立积极联系之前，投身学业竞争——不知道为何而学，但又不得不学；受传统文化熏陶少，被灌输了大量的成功学观念；精神需求高，但意义感低；缺少同理心和共情力。"为你好"未必被理解；面对惩罚，他们首先会问"凭什么"，而不是"我错了"。因此，控制情绪和依法依规就更为重要。

某学校晚自习下课时间为晚9:00。某日晚上8:50，班主任接到领导的电话，说她班上纪律差。班主任听后，匆匆赶到教室，愤怒中宣布当天晚自习延长到晚上9:20。不料，一名学生到9:00便背上书包冲出教室。班主任没有拦住，气愤之下，将其课桌搬出教室。第二天早晨，学生试图把课桌搬回教室，遭到班主任的阻拦，书散落在地。学生恼羞成怒，在众目睽睽之下，抽了班主任一个嘴巴。

上面案例中，学生违纪算是一个小危机，班主任的处理却存在如下问题：

1.重面子，轻规则。当得知班级纪律混乱后，班主任立刻整顿纪律，却忽略了如下问题：晚自习本身是否合规？依照校规，晚自习违纪应如何处罚？学生冲出教室时,班主任感到尊严被冒犯,急于"杀鸡儆猴",却没有调查学生如此冲动的原因,当晚也没和家长沟通。

2. 发泄情绪,而非解决问题。到教室后,班主任没有观察、调查违纪的具体人员、班上吵闹的原因,而是情绪激动地延长晚自习,用于惩罚所有学生。班主任此时没有考虑如下问题:延长晚自习是否合规?对没违纪的同学实行"连坐"是否合理?如何说服按时接孩子的家长?当众将学生课桌搬走是否合适?

学校德育处给这名违纪学生的家长打电话希望其能到学校解决问题,遭到家长的拒绝。德育副校长对班主任说:"你要用女性的温柔与智慧化解矛盾。"但班主任感到很委屈、伤心。事情陷入僵局。这时一位学过法律的老师献计献策,学校依计而行,学生家长迅速赶到学校赔礼道歉,接受处分。家长前倨后恭的原因是学校使用了法律武器。学校请法治副校长——辖区派出所所长打电话告知家长:根据《治安管理处罚法》第43条规定:"殴打他人的,或者故意伤害他人身体的,处五日以上十日以下拘留,并处二百元以上五百元以下罚款;情节较轻的,处五日以下拘留或者五百元以下罚款。"如果不来学校,派出所将前往小区强制执法。家长认识到问题的严重性,赶紧到学校认错。

关键时刻法律是保障,懂法是关键。

下面再看一则曾被教育部通报的案例:

2014年9月10日,因学生未向科任老师赠送教师节礼物,依兰县高级中学高二年级17班班主任冯群超在第8节课上对学生进行了长时间的训斥和谩骂。冯群超离开班级后,该班学生每人出1~5元,凑了395元,加上班费281元,共计676元,由5名学生到超市购买6箱牛奶,送给包括冯群超在内的6名科任老师,共花费296元,剩余380元交给管理班费的同学。

此外,教师节期间,该校34名教师接受学生赠送的茶叶、水杯、剃须刀、篮球、服装等各种礼品合计价值4084元,人均120.12元。

9月15日下午,辱骂学生索要礼物当事人冯群超接受媒体采访。她回应媒体称，事发后，她就意识到自己的错误了。她还回忆，9月10日晚自习期间，她就给全班学生道歉了。面对记者采访，她再次鞠躬向全班学生和家长道歉："我确实错了，我对不起大家。"

据依兰县高级中学17班学生回顾，事发当天，冯群超确实道过歉，她还向当时被免职的班长道歉，并且恢复了他的班长职务。事发后，该班全体学生还签名为冯群超"求情"，称在冯群超带领下他们班"一直是红旗班"，还请求教育局不要撤换班主任，处罚从轻。"老师为学生操劳付出很多，一时情绪失控，情有可原。"还称，"虽然冯老师有错，但对待学生尽职尽责，希望教育局从轻处理……"

面对已遭处分教师的道歉，依兰县教育局纪检书记张市委公开表示："虽然冯群超老师向学生和家长做了诚恳的道歉，但是我们纪检监察部门还是会依照相关规定严肃处理，希望冯群超老师本人能够吸取教训，全县其他教师也能引以为戒，做好本职工作。"

这一危机事件表面看是师德问题，根源是"师能"问题。从上述材料可知，冯群超不是要求学生只给自己买礼物，而是给所有科任老师买，因为其他班老师都收到了礼物。我们一起回顾该事件的来龙去脉，就会发现问题的关键。冯群超看到其他班老师都收到礼物，而自己班老师都没收到，有些尴尬，会感到：自己不受学生爱戴；学生不懂感恩，容易让科任老师伤心，影响工作热情。这对她而言是一个危机事件。如果她事先安排好学生在教师节给老师送些手工制品、美术作品、文学作品等，就不会这么被动和尴尬；如果觉得送礼物不好，可以采用唱歌、写信、齐声祝福等方式感谢老师。但是她没有提前安排。面对这一突发事件，她带着情绪到班上，口不择言，满口脏字。这可以从三个方面解读：一是她的情绪严重失控，不能用理性来控制行为；二是对师生关系过于自信，一直采用说教式、灌输式的教育方式，不把学生当外人；三是平时行事专断，作风强势，人文素养较差。但最重要的一点，她面对突发事件，不能根据法律、法规来判断和处理，而是被情绪裹挟。

理解核心诉求，釜底抽薪

当校园霸凌升级为危机事件时，往往意味着弱者不堪凌辱而奋起反抗，或强者得寸进尺酿成大祸。面对此类事件，班主任应该先控制局面，再按照学校规章逐级上报，然后抓住关键问题果断处理。

高三学生小高看到高一学生小林在校园里踢打流浪猫。这只猫平时憨态可掬，很受欢迎。小高上前制止，小林说："你吃饱了撑得管闲事。"于是二人发生争执，小高就打了小林两拳。小林家长赶来，找到学工处。小高不断赔礼道歉，小林家长向小高家长索要医药费和精神损失费2万元，否则就报案。小高家长怕影响孩子高考，想息事宁人，便当场转账给小林家长。小林家长又提出新的条件：必须写一个情况说明——小林在校园内正常走路，小高无故殴打小林。小高不答应，于是双方家长、学工处人员、两位班主任一起到了派出所。最后，小高的同学觉得太过分，开始在网上指责谩骂小林及其家长。小林妈妈是公职人员，担心被网暴，不再提出要求。

这件事情在双方权衡利弊之后得到平息，但是整个过程中，没有看到学校的教育功能。首先，根据校规校纪，两个学生是否应该受处分？应该如何处分？其次，两位班主任没有针对学生行为的不当之处进行教育。比如，小林的班主任应该委婉地指出小林及其家长的问题：小林虐猫，缺少爱心，残忍冷漠；面对别人的提醒不知收敛；在伤势轻微且对方道歉的情况下，还索要高额费用，强迫对方伪造事实，容易激起仇恨。要告诉家长：爱孩子，为孩子维权，没有错，但为了保护孩子而纵容孩子，为孩子树立贪婪、残忍的榜样，孩子会更有恃无恐、无法无天。家长颠倒是非，如果把小高逼急了，或在网上公布，或鱼死网破，伺机报复小林，后果都不堪设想。小高的班主任应该结合小高平时正义感强但容易冲动的特点进行教育：解决问题的方式有很多种，用违法违纪的行为来制止别人道德上的失当，是以暴制暴，只能把事情弄得更糟。

借助推理，揭示可能后果

有些危机事件爆发之后，学生以自己的经验或立场看问题，一意孤行，认识不到事态的严重性。他们情绪波动较大，自我控制力较差，习惯于实现当下的"情绪价值"，即使伤害了别人也不以为然。这种危机可能造成大的事故。因此，出现可能酿成大祸的小事件时，班主任不能头疼医头脚疼医脚，宜"疏"不宜"堵"。

一天深夜，我突然接到小居妈妈的电话，她语气中带着焦虑、气愤和难过，说："小居刚给我打电话，情绪很激动，说要和同学干一架，我怕他出事！"我赶紧问为什么。小居是从县城小镇考到南师附中这所市区重点高中的，特别勤快、懂事、好学，怎么会说这种话呢？

她说："几个舍友都是市区重点初中毕业的，特别抱团。有个舍友在小居的QQ空间中看到初中同学称他'物理小王子'，于是就起哄。小居现在不适应新老师、新同学，曾经令他骄傲的物理学起来也很吃力。舍友这么起哄，他更难过、沮丧，觉得是在讽刺、挖苦他。舍友破解了他的QQ密码，得知他失恋了，就故意当面叫那个女孩的名字，揭他伤疤。他们见了我儿子，不喊'小居'，而是怪笑着叫他爸爸的名字。小居觉得这是对父亲的大不敬，是对他的侮辱和挑衅。他跟几个舍友交涉了很久，让他们不要这样，但越恳求，这些人越来劲！刚才给我打电话说自己忍无可忍，要跟他们干一架，说完就在电话那头嚎啕大哭，我担心他急了会做出傻事，所以这么晚了还打扰您！"

我听完，脑袋"嗡"的一声！告诉她："您别担心，我马上就去学校。"路上，我让自己的心情尽量平静。回忆着小居以及每个舍友的性格，感觉小居可能只是释放情绪，说气话，未必真动手。那几个同学也不是很坏的孩子，就是调皮、无聊、搞恶作剧。但是，万一他们晚上又欺负小居，小居真干了傻事怎么办？面对危险，宁可信其有，不可信其无，小心为上。

到学校后，几个学生已经睡了。我把他们叫醒，宿舍里几个男生睡眼蒙眬地爬起来，问我怎么回事。

我长出了一口气："我担心你们出事，赶紧来看看。"

他们一脸茫然地问："为什么？"

我说："小居可能会伤害你们。"

他们问："为什么？"

我把小居妈妈反映的情况转述了一遍。

他们揉着眼睛，或茫然，或不屑，或惊讶。一个高个子男生说："他这么不禁逗，我们只是觉得好玩，打发无聊时间。一提那个女孩的名字，他就脸红，样子很可爱，就逗他。还有，从初中开始，我们彼此之间都这么喊爸爸的名字。感觉这样父子就平等。"其他几个男生也附和。

我感觉他们的话大部分是真心的，如果定义为"霸凌"，可能有些严重，就问他们："你们体察过小居的感受吗？他一方面为了和大家相处融洽，融入集体，强压怒火，强忍悲痛，强装笑脸；另一方面独自忍受离家的孤独、学习的压力、文化的隔阂、别人的嘲讽、失恋的痛苦。你们能感受到吗？因为阅历不同感受不到正常，但你们尝试过换位思考吗？来，我们一起感受一下。他中考考了全县前20名，放弃县中优厚的奖学金到城里读书，因为你们暑假'抢跑'，提前学了，他感觉你们很厉害，便产生了错觉，认为自己不行。此时此刻他是多么自卑、焦虑、无助、自责，偏偏又失恋了。我们应该能感受到他重情重义、自尊心强，失恋于他而言无疑是雪上加霜，你们作为同学不但不关心、理解、帮助他，还在他伤口上撒盐，这道德吗？你们几个彼此抱团，一起调侃他一个人，他会怎么想？你们看到他痛苦，是内疚，还是惬意？是安慰，还是更起劲了？你们或许没有太大恶意，但'良言一句三冬暖，恶语伤人六月寒'。他之前只是对学习苦恼，你们让他对人生、对人性、对世界产生绝望。"

一个学生小声说："有那么严重吗？"

我说："曾经一个大学生，因长期遭受室友的歧视和侮辱，心中积怨已久，在一次冲突中爆发了，出现了极端行为。人们都谴责他的行为，但舍友的行为就对吗？我们一起营造一个温暖的环境，难道不好吗？"

几个男生都低下了头。我推测他们或自责，或震惊，或恐惧。但如果就此结束谈话，他们大概率会疏远小居。于是我接着说："我知道他可能在生活习惯、处事方式上跟你们不太一样。这是由城乡文化差异造成的。你们的父母几代之前也是农村人，面对农耕文化，不要有优越感，要彼此了解、包容，不能把自己的理念强加给别人，要看别人是否能够接受，并不是你们一直这样就是对的。其实小居身上有很多优秀品质值得你们学习。例如，他对父母非常尊敬，经常跟妈妈打电话聊天，不像你们，父母一说话就不耐烦；他生活很独立，脏衣物都是自己洗，值日也非常认真；他适应环境的能力也很强，遇到困难不逃避。你们喊爸爸的名字，觉得是挑战父权，追求平等，但在他看来就是侮辱长辈。我们为什么要行万里路？就是通过了解不同人的想法、性格，让我们的视野更开阔，更能接受多元的思想。小居身上具有传统美德——自强不息、尊重父母、谦虚和善，这些品质没有给我们任何一个人带来危害。你们更多的是接受的城市文明，崇尚民主平等，两种文化各有优点，他在尽量理解和接受你们，你们也应该接受他，最后取长补短，融为一体，创造出一种更好的宿舍文化、班级文化。'每种文化都以与其自己的精神相一致并挖掘自己的资源来加以改善，但是没有何种文化可以被判断为优越的。'[①]他和你们不一样，为你们对待父母、学习、爱情提供了另一种可能性，你们可以不选，但要允许人家存在。只要个人是因为正确的理由而爱，钦佩他们的美德而不是邪恶，那么这种爱与友谊就是健全的，就应该受到尊重。大家在一个团队、一个宿舍、一个班级，如果相互欺压、嘲笑，必然不但助长自己的人性之恶，也会积蓄仇恨，让每个人都活在提心吊胆之中。而团结就是要看到不同人身上的优点，关心彼此的命运，愿意

---

① 约瑟夫·拉兹.公共领域中的伦理学[M].葛四友,主译.南京：江苏人民出版社，2013：214.

为他人排忧解难,让他人觉得和你们在一起真好。"

经过多次沟通,男生宿舍关系融洽了,几个男生最后也都考入了比较理想的大学。

学生心理危机的应对

学校教育未必是学生心理问题的源头,当下班级也未必是学生心理问题的源头。青少年心理问题与经济下行、资源垄断、学生发展渠道单一、中青年竞争压力大、缺少家庭陪伴等社会因素有关。所以,班主任有责任减缓、疏导孩子的心理压力,预判有心理问题的孩子,避免加重其痛苦。与心理相关的突发事件包括旷课、失踪、自残、情绪失控、自杀等。值得注意的是,很多有心理危机的孩子并没有明显的异常。

对于有心理危机的学生,班主任应观察、倾听,而不是评价、说教,然后慢慢引导学生找到问题的关键,寻找解决问题的其他办法,用学生喜欢的方法与其沟通。

什么是真朋友

一个男生找我谈过几次心,核心话题是他对朋友百分之百真心,每当朋友难过时,他总是默默地陪伴,而他心情不好时,别人却视而不见。青春期的孩子重视朋友非常正常,但像他这样敏感的孩子却很少。他说自己在六年级的时候就患上了强迫症,所以被迫要想一些问题。我还发现他会在妈妈生日前的三个月就开始为妈妈叠纸花,一共要叠900朵。这时候,我跟他讲:"交朋友不是交换,你对别人好说明你善良,心中有爱,但这不是投资。我们要广种薄收,不能把宝押在一个人身上。你想想是不是有这样的人,你跟人家关系一般,关键时刻人家却比你认为的好朋友更愿意帮你?"他使劲点点头。"因此,在比较中,你首先想到的是感激这个好心的陌生人,还是对那个朋友失望?"他说:

"两者都有，主要是对朋友失望。"我说："所以，你不能要求别人。你需要做的是在不影响自己正常生活的前提下对所有人都好。懂得感恩的人就会接近你，时间久了就成了朋友，没有必要先将彼此定义为朋友，然后再以朋友的标准来要求他。"事后，只要他跟某个同学在一起，我就夸他重情重义，可以作为真朋友。他对我非常感激，更信任我了，我也会在聊天中给他讲一些他认知范围之外的问题。

附录

班级危机处理相关的法律法规与规定

与班级危机处理相关的法律法规有：《宪法》《中华人民共和国食品安全法》《中华人民共和国教育法》《中华人民共和国义务教育法》《中华人民共和国教师法》《中华人民共和国突发事件应对法》《中华人民共和国传染病防治法》《中华人民共和国未成年人保护法》《中华人民共和国预防未成年人犯罪法》《中华人民共和国家庭教育促进法》《中华人民共和国网络安全法》《未成年人学校保护规定》《中华人民共和国民法典》等。

与班级危机处理相关的规定有：《学校卫生工作条例》《学校食物中毒事故行政责任追究暂行规定》《中小学幼儿园安全管理办法》《中小学公共安全教育指导纲要》《中小学健康教育指导纲要》《学生伤害事故处理办法》《中小学心理健康教育指导纲要（2012年修订）》《中小学校岗位安全工作指导手册》《关于做好预防少年儿童遭受性侵工作的意见》《关于建立中小学校舍安全保障长效机制意见》《义务教育学校管理标准》《中小学幼儿园应急疏散演练指南》《中小学幼儿园安全防范工作规范（试行）》《学校体育运动风险防控暂行办法》《关于加强中小学幼儿园消防安全管理工作的意见》《中小学（幼儿园）安全工作专项督导暂行办法》《关于防治中小学生欺凌和暴力的指导意见》《关于加强中小学幼儿园安全风险防控体系建设的意见》《加强中小学生欺凌综合治理方案》《学校食

品安全与营养健康管理规定》《关于完善安全事故处理机制维护学校教育教学秩序的意见》《加快推动全国中小学幼儿园安全防范建设三年行动计划》《大中小学国家安全教育指导纲要》《关于进一步推进学校应急救护工作的通知》《生命安全与健康教育进中小学课程教材指南》《关于全面加强和改进新时代学校卫生与健康教育工作的意见》《关于加强学生心理健康管理工作的通知》等。

第三节　班级危机的善后

在危机处理完之后，班主任还不能掉以轻心：一是要借这件事了解其家庭教育情况，釜底抽薪，从根源上解决问题。二是关注相关孩子的心理健康，避免矛盾积聚。对于学生的错误，不要总是旧事重提，对于犯过错的学生，不要有偏见，但是也不能掉以轻心，要暗中关注相关学生的情绪，有没有反复、激化，学生会不会心中有阴影。三是总结教训，完善制度中的漏洞。

请家庭配合教育

人际关系、心理异常造成的危机，都非一朝一夕造成的。除了孩子人格因素、班级环境因素，家庭教育的因素也不可忽视。班主任必须引导家长认识到问题的严重性，在教育策略上与学校达成共识。例如，曾经有个孩子从小阅读广泛，情感丰富，而家长忙于事业，很少关注他的内心需求，导致孩子的心理困惑得不到及时解决，逐渐产生心理问题。后来与这个孩子聊完天后，我将孩子的心理困惑告知家长，家长非常慌张。我说："您应该庆幸还有机会挽救，以后不要只关注孩子的成绩，要多倾听他内心的想法。他对于人类的忧思、对社会的关注，都可以转化为学习的动力。您不要只粗暴地说，先把学习弄好，而应该说，只有像你这么善良的人有能力了，社会才会更好。为了承担重任，你要变得更强大。"有些学生人际关系紧张，是因为家长在家只关注班上那些优秀的同学，经常把自己的孩子和优秀学生比较，让孩子产生了莫名的仇恨。班主任必须告知家长这样做的危害，使之改掉这一习惯。

持续关注学生，避免聚光灯效应

很多经历了心理危机的孩子，身体脱离了危险，心理却仍在"发炎"。这时候班主任既要持续关注这些学生，又要不让对方感受到刻意，认为老师把他们当成特殊的那一个。某种错误行为或心理出现反复，也是十分正常的。班主任要从小事中发现亮点，鼓励学生不断进步。例如，20年前，一个学生曾经因为看电影《少林寺》，想到父母工作辛苦，就想着自己如果成了武打明星，就可以日进斗金，让父母轻松一些，于是夜间离开宿舍，坐火车去了嵩山。舍友告诉我后，我通知家长从河南将其拦截回来。这件事让他成了校园名人，不时还遭到别人的调侃，他自己也觉得很多人关注他，有些抬不起头来。我知道这件事对他的影响很大，便不公开提及此事，同时也告诉他，即使有人提及，也是带着羡慕、好奇的心理，并不是鄙视，让他不要放在心上，人都会犯错，迷途知返就很好。我还时不时地跟他聊天，鼓励他学习上的进步。他的内心逐渐平静了。初中毕业后，他学了一门技术，现在他事业有成，家庭幸福，也成了我的朋友。

修补制度漏洞，完善管理机制

南师附中的学生可自愿申请晚自习，虽然周一到周四上晚自习的同学相对固定，但也有同学临时请假。某一天，小黄妈妈到学校来找他，但小黄在此之前说他家中有事，请假回家了。我和他家长意识到：孩子撒谎了。两个小时后，家长在网吧找到了他。这件事让我意识到晚自习请假制度存在一些漏洞。一位教师负责几个教室，如果学生临时请假回家，班主任已经下班，就在讲台上留个请假条走了，没人核实学生是否到家，其中存在安全隐患。于是我修改了晚自习请假审批流程。具体包括：周一到周四原则上不准假，如果临时有急事需请假，必须给班主任打电话，班主任通知家长来接；家长接到孩子后，须在家长群中回复。如有请假手续不全、擅自回家者，班级将不再提供晚自习机会。

第四节　校外危机情况的应对

虽然校外危机情况与班主任关联度不大，但有些校外发生的危机是班级危机的扩散，如聚众斗殴等。学生校外危机事件主要有亲子冲突，因交通、溺水、自然灾害等发生的危机，网络舆情危机等。

对于亲子冲突事件，班主任要谨记：不深度介入家长和孩子间的冲突，更不能为了调节亲子冲突而影响正常教学，或影响师生、家校关系。"智子疑邻"的故事告诉我们，人的判断力是受关系的亲疏、情感的好恶左右的。亲子冲突其实是家长的一种爱之深恨之切的情绪化发泄，如果班主任贸然来断家务事，稍有不慎，就会里外不是人。例如，有班主任可能遇到这种情况：周末，学生玩游戏，爸爸苦劝没起作用，动手打了孩子，孩子还手，爸爸打电话向班主任求助。此时，班主任的第一反应不应该是扮演"道德警察"来审判孩子，而是先分清家校边界。这是家教问题，父子双方可能都有不当之处，背后或许有深层原因，此时班主任应该建议父亲冷处理，给父子两人一个反思的时间。如果班主任出于义愤斥责孩子，万一学生觉得委屈，孤立无援，情绪失控产生一些极端行为，后果将不堪设想。如果班主任和家长比较熟悉，此时，首先应该感谢家长的信任，然后明确这不是自己的责任，毕竟"清官难断家务事"。但出于对学生的关心，可以耐心倾听家长叙述事情的经过，并对家长进行开导、宽慰和指导。即使家长说，孩子只听老师的，不听他的，班主任也要及时告诉家长：孩子之所以听老师的，不是因为老师跟他的关系更近，也不是因为孩子对老师存在物质和情感上的依赖，而是因为老师尊重学生，能用心理学、教育学等专业知识来教育孩子。最后再建议家长转变教育方式。

对交通、溺水、自然灾害等风险的预防，班主任也不可掉以轻心。虽然国家行政部门会不断发布相关通知，但很多家长觉得这是小概率事件，心存侥幸。班主任要针对学生和家长的侥幸心理，有针对性地播放宣传片、警示片，特别是发生在附近地区相关事件的照片，以警醒学生及家长。

近年来，网络引发的舆情危机也很多。一些学生没有意识到网络传播的不可控性，喜欢在网上发布一些不负责任的议论，给老师和同学造成伤害。为了预防此类事件发生，班主任必须告知学生相关的法律法规，例如：

《刑法》第246条规定：以暴力或者其他方法公然侮辱他人或者捏造事实诽谤他人，情节严重的，处三年以下有期徒刑、拘役、管制或者剥夺政治权利。

利用信息网络诽谤他人，具有下列情形之一的，应当认定为刑法第246条第一款规定的"情节严重"：

1. 同一诽谤信息实际被点击、浏览次数达到5000次以上，或者被转发次数达到500次以上的；
2. 造成被害人或者其近亲属精神失常、自残、自杀等严重后果的；
3. 2年内曾因诽谤受过行政处罚，又诽谤他人的；
4. 其他情节严重的情形。

校内做好遵纪守法教育，学生校外危机事件才会相应减少。

图书在版编目（CIP）数据

专业型班主任十讲 / 张志强著. —上海：华东师范大学出版社，2025.
—ISBN 978-7-5760-5977-9

I. G635.16

中国国家版本馆 CIP 数据核字第 2025TV9397 号

大夏书系 | 全国中小学班主任培训用书

专业型班主任十讲

著　　者	张志强
策划编辑	朱永通
责任编辑	薛菲菲
责任校对	杨　坤
装帧设计	奇文云海 · 设计顾问
出版发行	华东师范大学出版社
社　　址	上海市中山北路 3663 号　邮编 200062
网　　址	www.ecnupress.com.cn
电　　话	021-60821666　行政传真 021-62572105
客服电话	021-62865537
邮购电话	021-62869887
地　　址	上海市中山北路 3663 号华东师范大学校内先锋路口
网　　店	http://hdsdcbs.tmall.com/
印 刷 者	北京密兴印刷有限公司
开　　本	700×1000　16 开
印　　张	16
字　　数	228 千字
版　　次	2025 年 5 月第一版
印　　次	2025 年 5 月第一次
印　　数	5 100
书　　号	ISBN 978-7-5760-5977-9
定　　价	69.80 元
出 版 人	王　焰

（如发现本版图书有印订质量问题，请寄回本社市场部调换或电话 021-62865537 联系）